united p.c.

I0250433

Alle Rechte der Verbreitung, auch durch Film, Funk und Fernsehen, fotomechanische Wiedergabe, Tonträger, elektronische Datenträger und auszugsweisen Nachdruck, sind vorbehalten.

Für den Inhalt und die Korrektur zeichnet der Autor verantwortlich.

© 2013 united p. c. Verlag

Gedruckt in der Europäischen Union auf umweltfreundlichem, chlor- und säurefrei gebleichtem Papier.

www.united-pc.eu

Olaf Behrens

Der Jakobsweg ist überall

Ein Szenebericht

gewidmet

Renate Hübner

Inhalt   Seite

Vorwort   10
Meine Route   13
Die Vorgeschichte   16

3.Wochen Vorbereitung

1.Woche Vorbereitung   20
2.Woche Vorbereitung   26
3.Woche Vorbereitung   60

7 Wochen Passionszeit

1.Woche Passionszeit   76
2.Woche Passionszeit   84
3.Woche Passionszeit   88
4.Woche Passionszeit   94
5.Woche Passionszeit   96
6.Woche Passionszeit   98
7.Woche Passionszeit   104

2 Wochen danach

1.Woche danach   108
2.Woche danach   116

Inhalt _Seite_

Anhang

Nachwort	128
Zeichnung, Cantemus Chor	130
Nachtrag	132
Buchtipp	133
CD-Tipp	136
Hörbuchtipp	137
Personenregister	138
(Angaben zu Namensverschlüsselungen)	
Sachregister	142
Bildquellennachweis	146
Abkürzungen	147
Danksagung	148
Über den Autor	149

Vorwort

Mit diesem Bericht „Der Jakobsweg ist überall" möchte ich einen Beitrag dazu leisten, dass spirituelle Erfahrungen direkt vor der Haustür, in der Wohnung, in der Gemeinde Kirche und in der unmittelbaren Umgebung erlebt werden können. Und das eine Person dafür nicht unbedingt 2000km oder 5000km reisen muss. Deswegen habe ich mir folgenden Bibelspruch für diesen Bericht ausgesucht:

Lukas-Evangelium 17, 21 Vom kommen des Gottesreiches

Man kann auch nicht sagen: Sieht hier ist es! Oder: Dort ist es! Denn: Reich Gottes ist mitten unter euch.

Menschen die katholisch sind gehen den Jakobsweg um zu sich selbst zu finden und zum Teil auch um sich von ihren Sünden zu befreien. Menschen die evangelisch sind gehen andere Wege, und gehen keine Pilgerwege. Sie glauben, dass Gott überall ist und dass es keine Heiligsprechung und Sündenlass durch Menschen und Geld gibt, was das Hauptanliegen der Reformation ist. Durch die Ordination wird ein evangelischer Pastor/in ein Kanal Gottes Wir ev.-luth. Christen können Gott selber, durch Jesus Christus, um die Vergebung der Sünden bitten, und unter Umständen ein/e Pastor/in um Rat bitten

Die Beichte bedeutet vielmehr als wir die Vorstellungen aus dem Fernsehen und der Bildzeitung von der katholischen Beichte kennen. Man hat die Möglichkeit Gott näher zu kommen durch die Beichte. Und so hat meine Reise begonnen am Braamkamp 51. Diese Reise begann mit einer Vorgeschichte. Das Problem, dass ich lösen wollte, in der Passionszeit, war, „Wie ich Teil einer Gemeinde werde ohne dabei meine eigene Persönlichkeit zu verlieren. Oder, in was für einem System leben wir, und ist Integration möglich?" In wie weit mir das gelungen ist können Sie hier lesen. Die Route habe ich in 4.Etappen angelegt:

Der Weg
1.Etappe: 1 Jahr zu Fuß unterwegs in Hamburg-Nord

Die Auswertung
2.Etappe: 3 Wochen Vorbereitung
3.Etappe: 7 Wochen Passionszeit

Die Rückkehr
4.Etappe: 2 Wochen danach

Ich wünsche Ihnen liebe Leserinnen und Leser gute Erkenntnisse beim Lesen, dieses Berichts

Der Autor: Olaf Behrens

Der Jakobsweg ist überall

Meine Route

Der Weg

Februar 2008 bis Februar 2009:

In dieser Zeit war ich zu den Gottesdiensten und Andachten in Winterhude, Eppendorf, Alsterdorf und Groß Borstel (Hamburg-Nord)zu Fuß unterwegs, und auch das Alltäglich habe ich alles zu Fuß erledigt. Wie viele Kilometer ich gelaufen bin weiß ich nicht genau. Dazu gehören auch die Besuche unserer Mutterkirche „Matthäus Kirche Winterhude" so wie unserer Großmutterkirche „St. Johannis Kirche Eppendorf".

Die Auswertung

3.Wochen Vorbereitung:
1.Woche: Do. 05.Februar 2009   -   Do.12.Februar 2009
2.Woche: Do. 12.Februar 2009   -   Do.19.Februar 2009
            Karneval
3.Woche: Do. 19.Februar 2009   -   Do.26.Februar 2009

7 Wochen Passionszeit:
1.Woche: Do.26.Februar 2009   -   Do.05.März   2009
2.Woche: Do.05.März   2009   -   Do.12.März   2009
3.Woche: Do.12.März   2009   -   Do.19.März   2009
4.Woche: Do.19.März   2009   -   Do.26.März   2009
5.Woche: Do.26.März   2009   -   Do.02.April 2009
6.Woche: Do.02.April 2009   -   Do.09.April 2009

Die Auswertung

   Ostern
7.Woche: Do..09.April 2009 - Do.16.April 2009

Die Rückkehr

2 Wochen danach:
1.Woche: Do.16.April 2009 - Do.23.April 2009
   Cantemus Chorprobe
2.Woche: Do.23.April 2009 - Do.30.April 2009

Die Vorgeschichte

Von Feb.2008 bis Feb.2009 war ich zu allen Gottesdiensten und Andachten bei der Paul-Gerhardt-Gemeinde. Zum einen um das Kirchenjahr zu begreifen, das aus drei Teile besteht: Dem Osterkreis, dem Trinitätskreis, (der dreieinige Gott, im Namen Gottes des Vaters, des Sohnes und des Heiligen Geistes) der nach Pfingsten beginnt und dem Weihnachtskreist, Zum anderen um mich und das Leben besser zu begreifen durch Bibel Verständnis, und um mich von meinen Sünden zu befreien.

Zu den Regionalen Gottesdiensten war ich auch, um das Gemeindeleben der Ev. Gemeinderegion Alsterbund mitzuerleben. In dieser Zeit sind unzählige Brief entstanden an Pastor Moser, sowie an unsere Kantorin Renate Hübner, weil ich im Cantemus Kirchenchor mitsinge. Einige Briefe hatte ich auch an die Martin-Luther-Gemeinde geschrieben, zum Thema Gottesdienst.

In dieser Zeit war ich von und in Winterhude, Eppendorf, Groß Borstel und Alsterdorf (Hamburg-Nord) zu Fuß unterwegs, und müsste eine Strecke von ca. 3560 km zurückgelegt haben (ca. 10km x 365 Tage = 3650 km). Die alltäglichen Dinge hatte ich auch zu Fuß erledigt. Dieses Ereignis ist an den Leuten in Hamburg-Nord nicht spurlos vorbeigegangen.

Und dann geschah folgendes:
Am Sonntag den 01.Feb.2009 gab es eine kleine Auseinandersetzung in der Teestube, der Paul-Gehardt-Gemeinde, wegen mir. Ich hatte mich 1 Jahr dazugesetzt, weil ich immer herzlich eingeladen wurde. Aber dann kam der Befehl von Frau E. „Herr Behrens, ab nächste Woche veranstalten sie die Teestube!". Ich antwortet „Wenn ich eine Frau hätte, die würde es sicher gerne machen, aber ich habe dafür leider keine Zeit.". Frau E. ist nicht auf den Mund gefallen und entgegnete „Stellen sie sich nicht so an, ich habe auch keine Zeit, und muss jede Woche zum Rheumaarzt!". Darauf sagte ich „Wenn Pastor Moser die Teestube veranstaltet, mache ich das auch!". Ich stand dann auf und verabschiedete mich mit „Schön Sonntag noch!" Das war einer der Gründe warum ich mich zurückzog, um meinen Weg auszuwerten. Ich muss meine Position finden, weil das eine das andere nachzieht. Erst gibt man den kleinen Finger aber dann . . . .

Am Montag den 02.Feb.2009 hatte mich der Bäcker vom „Backshop" an der Alsterdorfer Straße angepfiffen, weil ich zu wenig kaufe. Er sagt „Du mit deinen scheiß 2 Brötchen jeden Morgen, das muss mehr sein, heute ist der 2., ja!". Der Bäcker ist der Meinung, dass ich bis zum 10. Jeden Monats, mein ganzes Geld zu ihm bringen soll.

Nicht nur das! Dann beschimpfte er mich noch mit „Scheiß Deutsche!". Sagt er als Ägypter. Insgesamt kenne ich den Bäcker 5 Jahre, aber jetzt erkenne ich ihn nicht wieder. Die letzten 3 Monate hatte ich regelmäßig bei ihm Brötchen, mein Brot und sogar manchmal 1 Stück Kuchen gekauft. Insgesamt kenne ich das Geschäft 9 Jahre, aber unter diesen Umständen, kann ich dort nicht mehr einkaufen.

Am Dienstag den 03.Feb.2009 traf ich zufällig einen Nachbar der ungefähr in meinen alter ist. Ich hatte ihn gefragt was die Arbeit macht. Er antwortet, dass er auf dem Arbeitsplatz umgefallen war, und ein Krankenwagen, mit Notarzt, musste ihn vom Arbeitsplatz abholen. „Burnout" sagte er. Es gab Tage, wo fünfmal der Krankenwagen mit Notarzt kommen musste, um Mitarbeiter vom Arbeitsplatz abzuholen, berichtet er weiter. „Burnout!" sagte er. Er macht jetzt eine Therapie. „Das Hilft!" sagte er weiter.

Am Mittwoch den 04.Feb.2009 hatte jemand auf der U-Bahnstation „Lattenkamp" öffentlich Selbstmord begangen. Für mehrere Stunden wurde die U-Bahnstation „Lattenkamp" gesperrt, und ein Busersatzverkehr wurde eingerichtet.

Am Donnerstag den 05.Feb.2009 hatte ich einen Termin bei Pastor Moser um 14:00 Uhr, und dann…

Der Jakobsweg ist überall

1.Woche Vorbereitung

01.Tag. Do. 05.Februar 2009

02.Tag, Fr. 06.Feburar 2009

03.Tag, Sa. 07.Februar 2009

04.Tag, So. 08 Februar 2009

05.Tag, Mo. 09.Februar 2009

06.Tag, Di.10.Februar 2009

07.Tag, Mi.11.Februar 2009

08.Tag, Do.12.Februar 2009

1.Woche Vorbereitung

01.Tag, Do.05.Feb.2009
Am Donnerstag den 05.Feb.2009, um 14:00 Uhr, hatte ich einen Termin bei Pastor Moser im Pastorbüro, am Braamkamp 51, und hatte mich für einige Zeit von der Gemeinde verabschiedet, weil ich Zeit für mich brauche, Ich gab ihm alles zurück, was mit der Paul-Gerhardt-Gemeinde zu tun hat, auch das geliehene Gesangbuch. Renate Hübner habe ich schöne Grüße ausrichten lassen.

Ich wollte auch, dass die Briefeschreiberei an die Paul-Gerhardt-Gemeinde ein Ende hat.

02.Tag, Fr.06.Feb.2009
Der Freitag war ganz ruhig.

Ich habe die Heilerin Frau Heitmann von „Belladonna LebensArt" (www.belladonna.de) kennengelernt. Frau Heitmann macht Chakrareinigungen und bietet unter anderen die Schokotherapie an, und ich habe deswegen bei ihr eine besondere Schokolade gekauft.

Abends ging mein Mobiletelefon kaputt.

03.Tag, Sa.07.Feb.2009

Am Samstag sind wieder diverse Brief an die Paul-Gerhardt-Gemeinde entstanden, und mein Wohnungsschlüssel ging an Renate Hübner, mit der Mitteilung, „Wenn sie neugierig darauf ist, wie meine Wohnung aussieht, kann sie sich die gerne mal ankucken.".

04.Tag, So.08.Feb.2009
Am Sonntag hat das Briefeschreiben an die Paul-Gerhardt-Gemeinde seinen Höhepunkt erreicht. Ich habe den Kirchenvorstand gebeten für 7 Wochen die Kirche zu schließen, weil wir Ruhe brauchen.

05.Tag, Mo.09.Feb.2009
Am Montag gingen hauptsächlich Briefe an Pastor Moser und Renate Hübner. Pastor Moser wurde krank.

06.Tag, Di.10.Feb.2009

Am Dienstag sind wieder Briefe an Pastor Moser und Renate Hübner entstanden.

07.Tag, Mi.11.Feb.2009
Am Mittwoch gegen 14:00 Uhr hat Renate Hübner bei mir an der Tür geklingelt und hat mir meinen Wohnungsschlüssel wieder zurückgebracht und gesagt, dass sie es nicht leisten kann, was ich von ihr erwarte und sie hat mich gefragt, ob ich denke auf dem richtigen Weg zu sein?, Was ich mit „Ja!" beantwortet habe. Sie gab mir einen Brief wo sie ihre Meinung aufgeschrieben hat, kehrte sich um, und ging mit einem Schweigen. Ich hatte nicht die Kraft den Brief zu lesen und gab ihn zurück am nächsten Tag. Den Brief hatte ich in den Briefkasten der Paul-Gerhardt-Gemeinde geworfen.

Der Jakobsweg ist überall

2.Woche Vorbereitung

08.Tag, Do. 12.Februar 2009

09.Tag, Fr. 13.Februar 2009

10.Tag, Sa.14.Februar 2009

11.Tag, So.15.Februar 2009

12.Tag, Mo.16.Februar 2009

13.Tag, Di.17.Februar 2009

14.Tag, Mi.18.Februar 2009

15.Tag, Do.19.Februar 2009

2.Woche Vorbereitung

08.Tag, Do.12.Feb.2009
(Abends)
Am Donnerstag, den 12.Feb.2009 gingen die letzten Briefe an Pastor Moser und Renate Hübner.

09.Tag, Fr.13.Feb.2009
(Abends)
Am Freitag entsteht ein Brief an Pastor Moser mit dem Inhalt, dass sich das ganze System der Paul-Gerhardt-Gemeinde verändern müsste, wenn eine neue Ordnung in die Teestube kommen soll. Ich habe mir vorgenommen diesen Brief erst am Donnerstagmorgen, den 19.Feb.2009 einzuwerfen in den Briefkasten der Paul-Gerhardt-Gemeinde. Also 1 Woche später. Meine Meinung ist, dass so viel Zeit sein muss, um aus dieser Briefeschreiberei rauszukommen.

Tagsüber bekomme ich die ersten Wahnvorstellungen, dass verschiedene Leute an mir rumziehen, und sich fragen was das zu bedeuten hat, was ich da vorhabe. Ich beantworte das mit Ruhe und koche mir einen Tee und höre dazu spanische Gitarrenmusik von Tárrega, und begreife den Wahnsinn dieser Welt.

Unsere Kantorin, Renate Hübner ist wahrscheinlich gar nicht genügend ausgebildet ist, um so eine Position einzunehmen. Sie ist wohl deswegen mit dieser Aufgabe überfordert, und bringt einiges durcheinander. Sie kann diesen Chor wohl gar nicht umstellen.

Aber Renate macht ihre Arbeit sehr gut insgesamt. Sie ist wohl an ihre Grenzen gestoßen. Sonst waren wir 9 Personen bei der Chorprobe. Jetzt kommen 14 Leute regelmäßig zur Probe, und der Gemeindesaal wirkt fast wie überfüllt. Weil mit Renate sind es 15 Personen. Renate ist eine großgewachsene schlank attraktive Frau. Und auch die anderen Chorglieder sind schlank. Aber eine Person mehr und wir würden uns auf den Füßen rumstehen.

Aber ich hatte gehört, dass zur GospelFire Chor Probe hier 40 Personen zusammen kommen. Also an der Personenzahl kann es nicht liegen.

Von Freitag auf Samstag bekomme ich über Nacht lebhafte Träume im Halbschlaf über das Gruppenleben, in der Paul-Gerhardt-Gemeinde. Ich bin kurz davor mich um zu entscheiden, und den Brief an Pastor Moser schon morgen einzuwerfen. Aber ich werde es nicht tun. Ich werde am Donnerstagmorgen den 19.Februar 2009, den Brief bei der Paul-Gerhardt-Gemeinde in den Briefkasten einwerfen. Und nicht am Samstag den 14.Februar 2009.

So ging es auch jahrelang mit meiner Herkunftsfamilie. Mein Bruder Uwe hat gesagt „Du hast es wohl gemerkt, dass es mich nicht interessiert!" Also wofür?

Was meine Herkunftsfamilie betrifft: Meine Mutter liebt mich und ich liebe meine Mutter. Mein Vater lebt nicht mehr, aber mein Vater hat mich geliebt und ich habe meinen Vater geliebt. Mir wurden diese Beziehungen nicht in die Wiege gelegt, sondern die musste ich mir erarbeiten mit meinen Eltern.

Unser Vater hat auch meine beiden Brüder Uwe und Ingo geliebt, die beide älter sind als ich, aber meine Brüder glauben es nicht. Das ist ein kompliziertes Thema. Jetzt kann sich unsere Mutter damit auseinandersetzen.

10.Tag, Sa.14.Feb.2009
Abends
Am Samstagmorgen habe ich nach 2 Jahren mal länger geschlafen und bin erst um 08:45 Uhr aufgestanden

Was für einen Betrieb die Paul-Gerhardt-Gemeinde ist, der Woche für Woche auf der anderen Straßenseite läuft, und der Aufwand des sonntäglichen Hauptgottesdienstes: Das ist natürlich alles ehrenamtlich, außer für den Pastor, den Kantor und dem Organisten. Wie viele Leute man braucht, um diesen sonntägliche Gottesdienst zu halten sehen sieht folgend:

DER HAUPTGOTTESDIENST AM SONNTAG   VON 10:00 bis 11:00 Uhr

Pastor   Kantorin
E. Felix Moser   Renate Hübner

Organist   Küsterdienst   Lektorendienst   Altar schmücken
Moritz Schott   Frau A.   Herr B.   Frau C.

Chor und Orchester nach Bedarf

Die sonntägliche Gottesdienstgemeinde
Ca. 60 - 80 Frauen und Männer in allen Altersstufen zwischen 14 – 94. (Die Paul-Gerhardt-Gemeinde hat eine Gemeindezahl von ca.3000 Gemeindegliedern.)

Als Abschluss die Teestube (außer zur Schulferienzeit)

01.Frau D.
02.Frau E.
03.Frau F.
04.Frau G.
05.Frau H.
06.Frau I.
07.Frau J.
08.Frau K.

Die Teestube! Lesen Sie weiter . . .

Ich hatte mir vorgenommen den Brief an Pastor Moser von Fr., den 13.Feb, am 19.Feb, bei der Paul-Gerhardt-Gemeinde in den Briefkasten zu werfen, aber ich habe ihn schon heute eingeworfen.

Pastor Moser scheint wieder gesund zu sein, weil sein Fahrrad vor der Tür, des Anne-Maria-Gerhardt-Hauses, stand. Das Anne-Maria-Gerhardt-Haus steht links neben der Paul-Gerhardt-Kirche, worin sich das Kirchenbüro befindet, ein Gruppenraum mit einem mehrteiligen Rundtisch sowie ein Piano und die beiden Zimmer der Pastoren, für Pastor Votschka und Pastor Moser. Es gibt noch weitere Räume, wie z.B. ein Abstellraum etc., die jetzt nicht so wichtig sind als das sie alle benannt werde.

Was für ein Druck ich ausgesetzt war. Die Leute die die Kirche organisieren, damit meine ich alle die der ev.-luth. Kirche in diesem Sinne dazu gehören, sind die reinsten „Folterknechte", aber was sicher nicht ihre Absicht ist, sondern weil es nicht andres geht. Wie Frau D. es gut formuliert hatte, die über 40 Jahre im Kirchenvorstand war, bei der Paul-Gerhardt-Gemeinde „Gibt man der Kirche den kleinen Finger, so nehmen die den ganzen Arm.". Und das ist jetzt mein Kommentar „Jeder ist nur darauf aus den Anderen zu benutzen, in dem Sinne: Wie kann ich den anderen benutzen, um den Hauptgottesdienst am Sonntag über die Bühne zu bekommen.".

Und nach dem Hauptgottesdienst gibt es die „Teestube", nur nicht in den Schulferien. Und das alles wiederholt sich, und wiederholt sich, und wiederholt sich jeden Sonntag.

Für mich als Außenstehender kommt vor, als würde die ganze Organisation der Paul-Gerhardt-Gemeinde auf Notbetrieb laufen. Ich nehme an, dass vor ca. 20 Jahren das System zusammengebrochen ist, und seitdem läuft das System auf Notbetrieb.

Das alte System. Oft kann man von den 70-90 jährigen hören „Vor 30 Jahren hatten wir das aber so gemacht! Warum geht das heute nicht mehr?".

Die jungen Leute tun mir irgendwie leid. Die machen wirklich viel, aber oft ist ständig alles falsch.

Wie z.B. Renate Hübner, unsere Kantorin, wenn sie ihre Liederabende veranstaltet, wird sie ständig negativ kritisiert. Diese Frau A. ist dann nur am rummotzen. Ich hatte schon mal Alpträume wegen dieser Frau A. Ich frage mich warum Frau A. so viel redet und so schlecht zuhören kann, und ob das am Alter liegt?

Die ganze Paul-Gerhardt-Gemeinde ist nur darauf ausgelegt sich gegenseitig zu benutzen. Warum besucht Frau D. nicht mal Frau E. am Samstag und spielt mit ihr Karten bis zum Sonntag?

Heute ist Samstag und es wartet die Nacht auf mich von Samstag auf Sonntag. Das wird sehr anstrengend werden, weil mir so viel durch den Kopf geht, in Hinblick zum Gruppenleben der Paul-Gerhardt-Gemeinde. Ich habe den inneren Frieden mit Frau A. gefunden. Warum auch immer, aber am meisten Sehnsucht habe ich nach Renate Hübner

Am kommenden Montag werde ich mir die Bibel aus der Bücherhalle ausleihen, und das komplette Matthäus Evangelium lesen, um die Passionszeit besser zu begreifen.

Im Grunde sind es nur 3 Minuten Fußweg zur Paul-Gerhart-Gemeinde, und ich bin erstaunt was für enorme Spannungen auf dieser kurzen Distanz entstehen können. Irgendwie fühle ich mich wie ein Reisender obwohl ich hier lebe.

Ich werde mich duschen und schlafen legen, und morgen nicht zum Gottesdienst gehen. Ich brauche eine Pause. Ich befinde mich in der 2.Woche, der Vorbereitung. Die zweite Etappe dieses Projektes.

Erstaunt bin ich darüber, dass wir in den letzten Tagen so einen tollen Winter haben mit noch mehr Schnee und Kälte.

11.Tag, So.15.Feb.2009
Morgens
Es ist jetzt Sonntag. Ich war um 08:00 Uhr aufgestanden. Überraschenderweise ist über Nacht ein Brief an Renate Hübner entstanden. Eigentlich wollte ich ihr nicht so früh schreiben, sondern erst in der 3.Woche.

Ich habe ihr berichtet wie es um mich steht, und was ich vorhabe. Der Brief ist am Samstag nach dem ich mich schlafengelegt hatte entstanden. Um 20:00 Uhr hat mich aus dem Bett gezogen. Ich habe dann den Brief geschrieben und mich wieder schlafen gelegt. Um Mitternacht hat es mich wieder aus dem Bett gezogen und ich habe den Brief mit meinem Routenplan ergänzt (von Seite 13), und alles zusammengeheftet. Ich habe dann eine Briefumschlag genommen, und überlegt wie ich den Brief adressiere

Ich habe mich dann wieder schlafen gelegt, und wie gesagt, um 08:00 Uhr bin ich aufgestanden. Ich habe mich dann rasiert, gewaschen, gefrühstückt und dann die Wohnung gelüftet. Um 08:45 Uhr habe ich den Brief adressiert und zugeklebt. Ich habe mir dann vorgenommen den Brief um punkt 10:45Uhr bei der Paul-Gerhardt-Gemeinde in den Briefkasten zu werfen, was ich auch getan habe. Jetzt ist es Sonntagmorgen11:45 Uhr.

In den vergangen Stunden ging mir meine Jugendzeit durch den Sinn, und als ich das erste Mal verliebt war, und wie das war für mich.

Am Nachmittag nehme ich mir vor weiter Feng-Shui zu studieren, was ich seit 2003 tue. Feng-Shui ist ein Teil des Taoismus, also eine ganz andere Religion als der Christliche Glaube. Kennen gelernt habe ich Feng Shui im Jahre 1999.

Abends
Ich habe mir vorgenommen jeden Morgen und jeden Abend eine Art Bericht zu schreiben über diese Zeit. Die Eigentliche Fastenzeit beginnt erst am 26.Feb.2009. Ich brauche tatsächlich 3 Wochen um mich auf diese Zeit einzustimmen. Soweit ich weiß, gibt es im Kirchenjahr auch 3 Sonntage mit Namen vor der Passionszeit, die mit Aschermittwoch enden. „Am Aschermittwoch ist alles vorbei …" heißt es im Volksmund. Da vor gibt es den Karneval Die Maske spielt in dieser Zeit eine große Rolle. Meine Abfolge sieht so aus:

Die 3 Sonntage vorher:
1.Woche, Do.05.Feb.2009-Do.12.Feb.2009
2.Woche, Do.12.Feb.2009-Do.19.Feb.2009 (In dieser Woche bin ich jetzt)
3.Woche, Do.19.Feb.2009-Do.26.Feb.2009

Die Passionszeit:
1.Woche, Do.26.Feb. u.s.w.
2:Woche

Jetzt komme ich mit mir selbst ins Gleichgewicht. Es ist ein neuer Lernprozess mit mir selbst umzugehen, so wie damals, als selbständiger Kaufmann.

Ich möchte meinen Platz finden, in der Paul-Gerhardt-Gemeinde. Ich werde im Cantemus Chor singen, alle 14 Tage zum Gottesdienst gehen, ein Ende finden mit dem Briefeschreiben, und als Schriftstelle (Buchautor), Komponist, Musiker und Berater arbeiten. Stück für Stück bin ich in diese künstlerische Arbeit reingewachsen. Die Arbeit eines Schriftstellers hat sehr viel mit Konzentration und Disziplin zu tun. Ein neuer Lernprozess hat begonnen.

Ich habe weiter das Buch studiert „Feng-Shui heute", von Thomas Fröhling und Katrin Martin.

Draußen haben wir Schneeregen. Es ist leicht über Null. Insgesamt ist es sehr winterlich, weil noch Schnee liegt, von den Vortagen und teilweise Vorwochen.

12.Tag, Mo.16.Feb.2009
09:10 Uhr
Es kommt immer mehr Ordnung in meine Gedankenwelt und Gefühle.

Die Nacht von Sonntag auf Montag habe ich sehr ruhig geschlafen. Ich bin nicht aufgestanden, um einen Brief zu schreiben, an Renate Hübner, Pastor Moser oder an die Paul-Gerhardt-Gemeinde. Um 08:00 Uhr war ich aufgestanden, hatte mich gewaschen, dann die Wohnung gelüftet und gefrühstückt.

Beim Frühstück ging mir durch den Kopf, warum ich das erste Mal pausierte beim Cantemus Chor im April 2009. Es gab nicht nur einen Grund sondern mehrere Gründe. Ein Grund war es z.B. wegen dieser Frau C. die gerne roten Lippenstift trägt. Frau C. ist eine S. Feindin. Früher war sie meine Feindin und jetzt stehe ich mit ihr zusammen im Kirchenchor und singe ev.-luth. Kirchenlieder. Also ich mache immer ein riesigen Bogen um Frau C. .

Seit dem 06.Feb.2009 lebe ich wieder ohne Mobile. Es war ein sehr günstiges Mobile und wurde defekt in den genannten Tagen. Zum anderen hat mich sowieso niemand angerufen. Pastor Moser hatte gesagt, dass er mich angerufen hatte, und das stimmt überhaupt nicht. Jeder Anruf ist verbucht in meinem Mobile, auch wenn ich ihn nicht annehmen konnte, dann als „Verpasster Anruf". Aber er hat mir geschrieben. Vielleicht war es auch nur eine Floskel gewesen, am Briefanfang „…weil ich Sie telefonisch nicht erreichen konnte, …".

Auf der anderen Seite ist es auch schwierig mich telefonisch zu erreichen. Und viele sind auch zu geizig wahrscheinlich, mich anzurufen, obwohl das Telefonieren günstiger geworden ist für Mobilegespräche.

Abstandnehmen von der Paul-Gerhardt-Gemeinde, was für ein Abendteuer. Das konnte nicht so weitergehen, dass ständige Briefe schreiben muss doch mal ein Ende finden.

Ich kann mir auch gut vorstellen, dass Frau B. jeden Morgen in den Briefkasten schaut, und sich freut Arbeit zu haben „Ah! Der schon wieder!". Der Briefkasten der Paul-Gerhardt-Gemeinde und ich und diese Frau B..

Das hat mich letzte Nacht etwas beschäftigt, und wie die Paul-Gerhardt-Gemeinde organisiert ist. Also wenn die Teestube verändert werden soll, um den Ablauf besser zu gestalten, dass die Teestubendamen sich pünktlich eintragen, damit keine Lücken entstehen, und dass eine Teestubendame sich immer dazu genötigt fühlt, einzuspringen, müsste der ganze Kirchenvorstand umdenken.

Das Jahr hat 52 Wochen, das sind 52 Sonntage, davon müssen 8 Wochen Teestubenpause abgerechnet werden, wegen den Schulferien, wo es keine Teestube gibt. Da bleiben 44 Sonntage übrig wo es eine Teestube gibt. Wenn man das aufteilt zwischen den 8 Teestubendamen, müsste jede 5 – 6 Teestuben veranstalten, aber die Frau bekommen das einfach nicht organisiert.

Viele dieser Teestubendamen haben gar keine Lust dazu, weil es ihnen wie eine sonntägliche Gemeindefütterung vorkommt. So wirkt das auf mich, ohne dass ich es böse meine mit den Frauen. Sonntagsfütterung in der Teestube der Paul-Gerhardt-Gemeinde mit billigen Kuchen für 1,00€ vom Discounter.

Wenn sowieso keiner Lust dazu hat, brauchen wir gar keine Teestube. Wofür braucht die Paul-Gerhardt-Gemeinde eine Teestube, wofür? Diese Fragen sollte vielleicht mal geklärt werden: Gründungszeit und Ursprung sowie die Geschichte der Teestube, wäre vielleicht mal ein interessanter Stoff für die Paul-Gerhardt-Gemeinde.

Der Tag wartet auf mich. Ich werde weiter „Feng-Shui heute" studieren und mich auf meine Chakrareinigung bei Frau Heitmann vorbereiten.

12.Tag, Mo.16.Feb.2009
17:10 Uhr
Es ist Abend geworden. Der Tag geht zu Ende. Nach langer Zeit habe ich mal wieder Zeit zum Lesen gefunden. Ich werde Abschnitt für Abschnitt das „Feng-Shui heute" Buch lesen. Insgesamt waren es 4 Dinge um die ich mich gekümmert habe:

1. *Um meine Behandlung bei der Heilerin Frau Heitmann*
2. *Um das Biografie Projekt das am Mittwoch weiter geht*
3. *Ich habe Feng-Shui weiter studiert*
4. *Ich finde meine neue Position innerlich bei der Paul-Gerhardt-Gemeinde*

12.Tag, Mo.16.Feb.2009
17:38 Uhr
Ich merke, dass sich innerlich etwas mit Renate Hübner grade richtet, das vor 200 Jahren gewesen sein muss, als Renate Hübner mir etwas angetan haben muss. Das ist ein karmisches Ereignis. Ob das wirklich so war kann ich nicht beweisen. Das ist nur eine schwache Erinnerung. Das ist meine Welt und nicht Renates Welt. Das muss man ganz klar trennen. Das ist meine Erinnerung. Wie Renate Hübner das sieht ist etwas völlig anderes. Zum anderen ist es auch eine Glaubensfrage.

Ich habe eine schwache Erinnerung daran, was sie mir angetan hat. Aber im selben Moment kommt mir das „Vater unser" in den Sinn, die Verse „Und vergib mir meine Schuld, wie auch wir vergeben unseren Schuldigern.".

Ohne das würde man immer an diesem Geschehnis hängen bleiben. Es gibt mir die Möglichkeit mich davon innerlich zu befreien.

Weil nach der Tat, hat Renate Hübner darunter gelitten, was sie es mir angetan hat. Das habe ich vorher nicht sehen können. Sie hat mich geliebt, auf einer Art, und Ihre Leben gehasst, was wir hatten. Da wollest Du raus. Das war ein karmisches Ereignis woran ich mich erinnere.

13.Tag, Di.17.Feb.2009
08:09 Uhr
Heute bin ich um kurz nach sieben aufgestanden. Dann das all morgendliche Ritual: Waschen, Wohnung lüften und Frühstücken, danach Geschirr spülen. Ich bin natürlich dankbar für das Frühstück.

Die Wäsche ist mal wieder dran. Die weiße Wäsche, Handtücher etc. müssen gewaschen werden.

Die erste Woche verging wie im Fluge. Ich habe erst am Mittwoch den 11.Feb.2009 damit begonnen etwas über den Verlauf dieser Sache aufzuschreiben. Heute ist Dienstag der 17.Feb.2009.

Die Nacht von Montag auf Dienstag war zu Beginn etwas aufreibend. Ich war wieder kurz davor Renate Hübner einen Brief zu Schreiben. Das war kurz nach dem schlafen legen. Dann bin ich eingeschlafen, und hatte zum ersten Mal bildhafte Träume. Ich hatte geträumt, dass ich auf der Kirmes war. Dann wurde ich dort weggeführt in eine Art Dschungel. Ich hatte demjenigen gesagt, der mich dort wegführte, dass es hier sehr gefährlich ist – in dem Dschungel gab es Krokodile und Echsen – da sagte die Stimme zu mir, dass er es deswegen getan hat, mich hierher zu führen, weil es grade gefährlich ist.

Ich weiß nicht wer mich geführt hat, aber ich wurde geführt.

Dann wurde ich auf einen Weg geführt, der zwischen Wiesen ging. Dort stand ein kleiner Junge mit Fahrrad. Ich sah dem Jungen direkt ins Gesicht. Dann wurde ich wieder zurückgeführt in den Dschungel

Ich bin dann aufgewacht und stand auf, ging in die Küche und trank 1 Glas klares Wasser. Ich musste dann noch mal für kleine Jungs, und wusch mir anschließend die Hände. Ich trank anschließend noch 1 Glas klares Wasser. Weil mein gläserner Wasserkrug leer war, darauf, spülte ich den Krug und füllte ihn wieder mit frisches, klares Leitungswasser. Als ich den frisch gefüllten Wasserkrug auf den Küchentresen stellte war es 04:30 Uhr

Ich legte mich schlafen und hatte wieder einen Traum. Ich träumte, mit Martin Hübner, was Renates Ehemann ist, auf dem Glockenturm der Paul-Gerhardt-Gemeinde eine Schlittenfahrt zu vollbringen.

Wir haben diese Fahrt dreimal voll bracht. Martin hatte dann keine Zeit mehr, weil er zur Uni musste. Ich bin dann wieder aufgewacht. Es muss gegen 06:10 Uhr gewesen sein, weil der Hausmeister der Wohnungsunternehmen Fiefstücken GmbH die Mülltonnen an die Straße stellte, was er sonst immer um diese seit tut. Ich lag dann noch bis sieben im Halbschlaf im Bett und stand dann auf.

Und so begann ein neuer Tag in meinem Leben.

13.Tag, Di.17.Feb.2009
10:41 Uhr
Ich hatte mir jetzt eigentlich vorgenommen nur morgens und abends ein Bericht zu führen, aber es ziehen verschiedene Kräfte an mir herum. Ich meine unsichtbare Kräfte. Das hört sich etwas verrückt an, aber so etwas gibt es. Wie z.B. beim Lohntütenball, als es noch die Lohntüte gab, sind die Männer wie magisch in den Kneipen verschwunden am Freitag nach Feierabend. Einige Frauen hatten ihre Männer abgefangen, damit si e noch Geld ab bekommen. Ich kann diese Kräfte nicht beschreiben sondern nur personifizieren, dass wären:

1. *Renate Hübner*
2. *Dr. Tomás Votschka*
3. *Pastor Moser*

Ich habe mich weiter mit dem Taoismus auseinandergesetzt und muss nun einige Gedanken neu ordnen.

Genau, Gedanken neu sortieren, vor allem zum Thema Renate Hübner. Also was ich ihr anbieten könnte, wäre ihren Schreibtisch aufzuräumen und neu zu ordnen. Aber wenn ich das tun würde, würde ich damit die Ehe Hübner gefährden. Wenn, dann müssen Martin und Renate zusammen aufräumen, um ihr Leben gemeinsam neu auszurichten. Wenn Martin nicht mitziehen würde, würden die Beiden sich auseinanderleben, und die Ehe so zerbrechen.

Ich kann das aber nicht leisten für die Beiden, weil ich kein hauptberuflicher Feng-Shui Berater bin.

Weil, das hat zur Folge, dass sich dadurch die ganze Gemeinde verändern würde. Das eine System greift ins andere System. Deswegen kann man nicht soeben mal die Teestube verändern, weil die Teestube ein Teil ist von dem Paul-Gerhardt-Gemeinde-System.

Da greift der eine Zahn in den nächsten. Das ist dann so wie bei L. „Das Bild hängt schief". Wenn man die Teestube vom Ablauf her flüssiger und stimmiger gestalten möchte, was ja das eigentliche Problem ist, muss der gesamte Ablauf der Paul-Gerhardt-Gemeinde verbessert werden. Soweit ich weiß, hat die Paul-Gerhardt-Gemeinde ca.3000 Gemeindeglieder. Das wäre eine Mega- Gruppentherapie.

Ich kenne da Preise von über 6000,00 € für Leute die so etwas leisten. Je nach Umfang sogar über 18 000,00 €.

Ich bin damals sogar noch weiter gegangen als S.. Ich wollte das ganze System verbessern, mit der W. der S.. Die ganze Aktion hätte ich beinahe mit meinem Leben bezahlt, weil die Welt in der wir leben gefährlich ist.

Am Ende habe ich festgestellt, dass eine Systemverbesserung beim Essen beginnt. Die ganze Bio-Bewegung beruht auf der Idee in einem gesunden System zu Leben

Deswegen musste ich mich zurückziehen, von der Paul-Gerhardt-Gemeinde, sonst bringe ich den ganzen Laden durcheinander. Ich habe mich zurückgezogen, um eine neue gesündere Position in der Gemeinde zu finden.

Ich wollte das Kirchenjahr durchziehen, deswegen bin ich zu jedem Gottesdienst gegangen auch zu den Andachten und den Regionalen Gottesdiensten. Jetzt muss ich eine Pause einlegen, um alles neu zu ordnen.

Pastor Moser war meine Anlaufstelle, um alles auszusortieren, was sich durch den regelmäßigen Gottesdienst ergab. Ich habe dadurch ein viel besseres Bibelverständnis bekommen, da bei jedem Gottesdienst aus der Bibel vorgelesen wird.

Ich hatte die Seelsorge von Pastor Moser in Anspruch genommen, wegen meiner neuen Nachbarin, die ein paar Linoleumquadrate von mir entfernt wohnt. Und auch wegen den Nachbarn über mir, die sich ständig lauthals Streiten, alle 2 Tage.

Durch die Gottesdienst besuche habe ich verstanden wie alt das Problem ist, der zwischen menschlichen Beziehungen.

Das ganze Kirchjahr hindurch, hatte ich, die Gottesdienste besucht, in dem neue Dinge geschahen. Wie z.B. die Begegnung mit Gottes Wort. Mir geht es jetzt viel besser als vorher. Die Last mit Sylvia z.B. ist von mir gefallen. Ich war mit Sylvia von März 2007 bis November 2007 zusammen. Die Trennung von Sylvia war der Auslöser dafür, dass ich im Jan. 2008 bei der Paul Gerhardt Kirche an einer Gesprächsreihe Teilnahm, wie man eine glückliche Beziehung führt. Dort habe ich Renate Hübner und Prof. Dr. Martin Hübner kennengelernt. Die Gesprächsreihe wurde von Pastor Votschka geleitet.

Eine Veränderung, also eine Systemveränderung ist extrem Kompliziert. Da müssten alle mitmachen. Ich kann mir gut vorstellen, dass das Computersystem bei der Paul-Gerhardt-Gemeinde auch nicht richtig funktioniert, weil das Computersystem ein Teil des Ganzen Systems sind.

Was in meinen Augen möglich wäre für die Paul-Gerhardt-Gemeinde, ist, dass die Paul-Gerhardt-Gemeinde Thomas Fröhling und Katrin Martin einlädt, um hier Vorträge über Feng-Shui zu halten. (Eintritt frei, Spende erbeten).

Die Beiden müssen dann Vorträge vorbereiten, für ein Publikum zwischen 8-80 Jahre. Vielleicht ist jetzt zu erkennen, wie kompliziert es ist, ein System zu verändern

Und weiteres würde passieren.

Wenn Pastor Moser das zulassen würde, würde eine neue Kirche entstehen, Die „taoistisch-evangelisch-lutherische Paul-Gerhardt-Kirche zu Winterhude".

Dann wird es politisch, ein Bundestag müsste darüber eine Debatte halten, ob so etwas tauglich ist, und ob dadurch eine Sekte entsteht, und Pastor Moser ein Guru ist.

Wie gesagt, der eine Zahn greift in den anderen. Für meinen privaten Haushalt kann ich das verantworten, aber nicht für eine ganze Gemeinde.

Also bleibt alles beim Alten, alles andere wird zu kompliziert.

13.Tag, Di.17.Feb.2009
12:15 Uhr
Ich hatte Mitte letzter Woche damit begonnen einen Bericht zu führen über die Auszeit bei der Paul-Gerhardt-Gemeinde. Es bietet mir eine Reflektion. Ich studiere weiter das Buch „Feng-Shui heute" und mache dadurch Fortschritte.

Das Thema Ordnung hat schon viele Geister dieser Welt beschäftigt und der Taoismus ist nur ein Teil des Ganzen.

Was auch möglich wäre, dass die Paul-Gerhardt-Gemeinde nach DIN arbeitet. Es gibt unterschiedliche DIN-Normen, und dann heißt es unser Betrieb arbeitet nach DIN sowieso.

Wenn ein Betrieb so etwas macht, wird die ganze Firma umstrukturiert nach DIN sowieso. Die Mitarbeiter werden umgeschult, oder weitergebildet und das gestammte Büro umgebaut. Dadurch bekommt man auch staatliche Zuschüsse, weil eine Struktur vorhanden ist, mit Zertifikat, die Sicherheit bietet.

Ein Stiftung für Bildung hat so etwas gemacht, wo. Ich mal Teilnehmer war. Dort steht:

Zertifiziertes Qualitätsmanagement
Nach DIN EN ISO 9001:2000(RegNr.019798-QM)

Das ganze Projekt hat 2 Jahre gedauert. Frau, ich weiß nicht mehr wie sie hieß, sagte, dass das extrem anstrengend war.

Und ich nehme an, dass sich die evangelisch-lutherische Kirche da auch schon Gedanken gemacht hat, wie ihr Kirchensystem auszusehen hat, wie z.B.:

1.Eine Kapelle auszusehen hat
2.Eine Kirche auszusehen hat
3.Eine Hauptkirche auszusehen hat
4.u.s.w.

Ansonsten würde es heißen:
Paul-Gerhardt-Kirche DIN sowieso

Soeben mal etwas umräumen ist eben nicht so leicht. Das hatte ich bei meinen Eltern festgestellt. Dort hieß es immer „Warum man nicht soeben mal das Badezimmer fertig machen kann, und warum das nicht geht?".

Ich habe das auch bei meiner Ex-Lebensgefährtin Judith feststellen müssen, als es darum ging die Schreibtische wieder auseinander zu stellen, die 4 Jahre genau gegenüber standen.

So ist unsere Beziehung zerbrochen, weil keine Lösung zu finden war, für das Problem. Wir hatten uns auseinandergelebt, wie man so schön im Volksmund sagt. Seit dem lebe ich alleine. Nicht nur die Schreibtische gingen auseinander, sondern wir mussten die Wohnung in 2 Zimmer aufteilen. In Judiths Zimmer und mein Zimmer. Bis wir dann im Aug.1999 auseinander gezogen sind. Judith und ich hatten von Okt.1993 bis einschließlich Aug.1999 zusammengelebt.

Ich wohne seit dem 01.Sep 1999 hier, im nördlichen Winterhude, und ich merke es jeden Tag, und jede Woche, und jeden Monat, wie schwer es ist, etwas umzuräumen.

13.Tag.Di.17.Feb.2009
17:08 Uhr
Der Tag geht langsam zu Ende. Weil ich mich heute Mittag hingesetzt habe zum Schreiben, bin ich jetzt nicht so voll. Mir gehen die Teestubendamen durch den Sinn wie z.B. Frau G. , Frau D. , Frau H., und Frau E.. Und auch Frau F.. Ich glaube, dass Frau F. die einzige ist, die wirklich dazu Lust hat, die Teestube zu veranstalten.

Die anderen vier haben gar keine Lust, und sehen die Teestube als Sonntagvormittag Kuchen Fütterung der Paul-Gerhardt-Gemeinde. Genau, so wirkt das auf mich.

Am deutlichsten sieht man es bei Frau G.. Zack, ist ihr Discounterkuchen verteilt „Nimm doch gleich zwei!" sagt sie immer, und wenn der Kuchen alle ist, klatscht sie in ihr Hände, und sagt „So Kinder! Die Teestube ist zu Ende!". Und dann immer ihr übertriebenes Lächeln, wenn sie diese Sätze sagt. Ich fühle mich immer wie auf den Arm genommen. Also zur Teestube gehe ich nicht mehr.

Heute am Sonntag hatte ich weiter Feng-Shui studiert. Ich habe danach mich auf das Biografie Projekt, das morgen am Mittwoch ist um 18:30 Uhr in der Begegnungskirche der St. Martinus-Kirche zu Hamburg-Eppendorf, vorbereitet. Ich hatte mich mit den Fragen „Wer war ich? Wer bin ich? Wer möchte ich sein? Befasst. Das tat ganz gut etwas dazu aufzuschreiben.

Jetzt wartet die Nacht auf mich vom Dienstag den 17.Feb.2009 auf Mittwoch den 18.Feb.2009.Ich werde keine Briefe mehr schreiben an die Paul-Gerhardt-Gemeinde. Damit meine ich speziell Renate Hübner. Ich arbeite darauf hin, dass ich ihr alles am Donnerstag berichten werde, nach der Probe. Ob der Chor so rum steht, oder so rum, soll mir egal sein.

13.Tag, Di.17.Feb.2009
17:47 Uhr
Es gibt noch einen Nachtrag. Zum einen wegen den Teestubendamen. Zu Frau D. möchte ich berichten, dass ihr selbstgebackener Zitronenkuchen fast wie ein Rauswurf wirkt, weil sie immer so viel Zitrone dort rein tut. Die knallt dort Zitrone rein, dass ist der reinste Wahnsinn.

Zum anderen möchte ich etwas zu Renate Hübner nachtragen. Sie ist gar nicht dafür ausgebildet um einen Chor zu leiten. Sie müsste eigentlich A-Musikerin sein, um so etwas zu machen. Aber sie ist B-Musikerin. Aber insgesamt macht sie ihre Arbeit sehr gut.

Und! Renate Hübner kann Herr C. nicht so platzieren wie sie es für richtig hält, weil Her C. einer ihrer Geldspender ist, um die Kirchenmusik am Laufen zu halten.

Und den Älteren Damen kann Renate keine Anweisung geben, wie sie sich hinstellen sollen, weil die dann sofort rumquarken „Aber vor 30 Jahren haben wir … !" . Das nervt ohne Ende.

Das Fazit ist, das wir kreuz und quer bei der Probe stehen. Und so etwas zu verändern ist total schwer.

Wie z.B. Frau L. , das ist so eine überschlaue. Ich habe erst mal meine Ruhe vor diesem Chor. Herr A. darf man auch nichts sagen. Der ist sofort sauer.

14.Tag, Mi. 18.Feb.2009
08:14 Uhr
Der Abstand zur Paul-Gerhardt-Gemeinde wird immer stabiler. Ich hatte zum ersten Mal nicht das Bedürfnis mich gleich hinzusetzen um zu schreiben.

Zum anderen hatten wir die letzten Tage, Mo, und Di., Tauwetter. Heute am Mi. haben wir wieder Frost bei ca. minus 5 Grad.

Ich war um kurz vor sechs aufgestanden, und habe die allmorgendlichen Dinge erledigt: Mich waschen, dann Frühstücken und die Wohnung lüften. Ich bin natürlich dankbar dass ich was zu essen habe. Das war mir frühe, vor 10 Jahre, nicht so bewusst.

Anschließend war ich beim Discounter einkaufen. In dieser Zeit ging mir durch den Kopf, Pastor Moser schon jetzt meine Bericht zu zeigen. Aber Renate weiß Bescheid was ich tue.

Was mein Mitteilungsbedürfnis betrifft, in der Hoffnung dass sich dadurch die Beziehung verbessert, wenn ich ins Unrecht gesetzt wurde, gibt es natürlich Parallelen zu anderen Beziehungen. Die Hoffnung stirbt zuletzt.

So war es z.B. bei meinem Bruder Uwe von 2003 bis 2007. Jeden Tag hatte ich Briefe geschrieben, um zu erklären „Was passiert ist, und warum es passiert ist." Ich habe es gemacht, weil viele Leute ein falsches Bild von mir haben und auch mein Bruder Uwe. Mit „Viele Leute" meine ich die Hamburger, die Schleswig-Holsteiner, die Niedersachsen.

Ich bin Aussteiger S., und war von 1990 bis 1999 bei der S. Kirche. Als ich 1999 ausstieg hat mir das keiner geglaubt. Im Jan 2003 habe ich mich deswegen an Ursula Caberta gewendet. Juni 2003 hatte ich die Arbeitsgruppe S. gebeten einen Artikel über mich zu veröffentlichen, aber sie sagten das sei noch zu früh.

Uwe Rathje, der 1997 ausstieg, musste sogar im Jahre 1999 ins Fernsehen gehen um eine Erklärung abzugeben, der deutschen Öffentlichkeit gegenüber. Er wurde vom Fernsehen darum gebeten.

Uwe Rathje hatte mich damals gefragt, ob ich beim Film mit machen möchte. Ich hatte es abgelehnt, weil ich nicht zu diesen Leuten gehörte, die beim Film mitgemacht haben. Ich habe eine ganze andere Rolle eingenommen, bei der S. Kirche, als wie die Leute bei dem Film.

Menschen die noch niemals im Schussfeuer der öffentlichen Meinung standen, können es nicht nachvollziehen, was solche Leute durchmachen.

Abstand zu nehmen von der Paul-Gerhardt-Gemeinde, gibt mir die Möglichkeit wieder zu mir selbst zu finden. Eine Gruppe verhält sich immer gleich jemanden gegenüber, der nicht mitzieht, weil nicht alles in Ordnung ist. Er wird immer sofort als „Das Schwein" hingestellt. Das ist völlig Egal welche Gruppe es ist.

Ich hatte schon den Gedanken, dass der Kirchenvorstand, der Paul-Gerhardt-Gemeinde, mir einen Brief schreibt mit folgenden Worten „Wegen unüberbrückbaren Differenzen müssen wir, der Kirchenvorstand der Paul-Gerhardt-Gemeinde, Sie als Kirchenglied unehrenhaft entlassen. Wir wünschen keinen Kontakt mehr. Als einzige Kontaktadresse gilt die Bischöfen der Nordelbischen Kirche.", oder so ähnlich. Eine andere Formulierung wäre auch möglich.

Ich hätte niemals gedacht, dass so ein Brocken ans Tageslicht kommt, in der Beziehung zu meiner Kantorin Renate Hübner. Das so eine Vergangenheit hinter uns steht, hätte ich nie vermutet, wo es um karmische Schuld geht, und so weiter.

Dann gibt es noch eine weitere Sache zur Teestube. Da gibt es die Frau E., die so mit sich selbst unzufrieden ist, das sie selbst darunter leidet. Das sind alles seelische Konflikte die sich in ihren körperlichen Krankheiten wiederspiegeln. Ich würde ihr eine Beichte empfehlen, um da wieder raus zu kommen.

Ihr Schwager soll ein Schwein sein, aus ihrer Sicht. Ob das stimmt weiß ich nicht. Die wohnen ca. 2km auseinander und haben sich seit über 15 Jahren nicht gesehen. Ob das Neid ist, oder Unverständnis, weiß ich nicht.

Wenn sich die Möglichkeit bietet werde ich ihr vorschlagen eine Beichte abzulegen.

Ich habe mir 2 Blatt Papier aus der Ablage genommen. Jetzt liegen dort noch 9 Blatt Papier. Angesichts dieses Umstandes, muss ich sparen, und werde für einige Zeit kein Bericht führen, sondern mir Abends und Morgens eine halbe Stunde Zeit nehmen, um zu meditieren. Das wird heute Abend sein und in den Tagen bis zum 28.Feb.2009. Ich werde dann schreiben

14.Tag, Do.26.Feb.2009
17:30 Uhr
½ Stunden Meditation bis 18:00 Uhr

Es wird mir die Möglichkeit geben, meine eigene Mitte zu finden. Es hat also eine andere Form der Ruhefindung begonnen für mich. Ich kenne solche Veränderungen auch aus der Komposition, wo plötzlich ein ganz neues Thema beginnt.

14.Tag, Mi.18.Feb.2009
21:40 Uhr
5.Minuten Mediation bis 21:45 Uhr

Der Jakobsweg ist überall

3.Woche, Vorbereitung

Altweiberfastnacht
15.Tag, Do.19.Februar 2009

16.Tag, Fr..20.Februar 2009

17.Tag, Sa.21.Februar 2009

18.Tag, So.22.Februar 2009

Rosenmontag
19.Tag, Mo.23.Februar 2009

20.Tag, Di.24.Februar 2009

Aschermittwoch
21.Tag, Mi.25.Februar 2009

22.Tag, Do.26.Februar 2009

15.Tag, Do.19.Februar 2009
09:11 Uhr
Heute beginnt die 3.Woche, der Vorbereitung auf die Passionszeit.

Gestern war ich zur St.Martinus-Gemeinde gelaufen, die südwestlich der Paul-Gerhardt-Gemeinde liegt, und ca. 25 min Fußweg von mir entfernt ist. Die St.Martinus-Gemeinde zu Eppendorf, ist Teil der Ev. Gemeinderegion Alsterbund, zu der auch die Paul-Gerhardt-Gemeinde gehört. Insgesamt sind es 4 Gemeinden die zum Alsterbund (www.alsterbunde.de) gehören als da wären:

Von Norden nach Süden
- *Die Martin-Luther-Gemeinde zu Alsterdorf*
- *Die St.Peter-Gemeinde zu Groß Borstel*
- *Die Paul-Gerhardt-Gemeinde zu Winterhude*
- *Die St.Martinus-Gemeinde zu Eppendorf*

Aus der Sicht der Paul-Gerhardt-Gemeinde: Die Martin-Luther-Gemeinde liegt im Norden, die St.Perter-Gemeinde im Westen und die St.Martinus-Gemeinde im Südwesten.

Die Matthäus Kirche zu Winterhude unsere Mutterkirche, liegt im Südosten, und die St. Johannis Kirche zu Eppendorf, unsere Großmutterkirche, liegt im Süden, also fast gegenüber der Paul-Gerhardt-Kirche zu Winterhude, und liegen ca. 2 km auseinander.

Bei der St.Martinus-Gemeinde habe ich an einem Biografie Projekt teilgenommen, dass an 6 Abenden von 18:30 bis20:45 Uhr dort stattfindet, und von der Dipl. psych. Elke Bornhoff veranstaltet wird. Es läuft unter psychologischen Aspekten und nicht unter religiösen Aspekten. Das unter folgendem Thema läuft: Wer war ich? Wer bin ich? Wer möchte ich sein? Es kostet insgesamt 50,00 €. Mit Frau Bornhoff habe ich vereinbart es in 2 Raten von je 25,00 € zu zahle. Ich hatte es gemacht, um mich aus meinen festgefahrenen Zustand wieder rauszubewegen.

Als ich wieder in meiner Wohnung war, hatte ich festgestellt, wie schwer es ist von heute auf morgen mit dem Schreiben aufzuhören, und mich durch Mediation im Gleichgewicht zu halten. Also statt eine ½ Stunde zu schreiben werde ich jetzt ½ Stunde meditieren. Um mein Wissen über Meditation zu vertiefen werde ich mir heute Bücher in der Bücherhalle ausleihen zum Thema „Meditation". Es gibt mehrere Möglichkeiten zu Meditieren. Ich werde ein Glas Wasser trinken und dann meditieren.

10:35 Uhr
Ich habe ca. 1 Stunde meditiert bis 10:30 Uhr. Ich werde jetzt in den DUDEN schauen, was unter der Definition „Meditation" steht. Schon mein Vater hat gerne ins Wörterbuch geschaut, wenn er ein Wort nicht verstand.

DUDEN, Deutsches Universalwörterbuch, 6.Auflage (www.duden.de)
Das Wort:
Mediation, die
Die Herkunft:
lat.mediation = das Nachdenken zu meditari , meditieren
lat.meditieren = nachdenken, sinnen, eigent. = ermessen, geistig abmessen
Die Bedeutung
1.(bildungsspr.) sinnende Betrachtung
2.(Rel., Psych.,Philos.) mystische, kontemplative Versenkung

Wenn Sie jetzt auch zu den Leuten gehören, die nicht wissen, was „kontemplativ" bedeutet , und in den DUDEN, Deutsches Universalwörterbuch, 6.Auflage schauen, , stoßen Sie auf eine Wortgruppe von 3 Wörtern:

1. Kontemplation (Hauptwort)
2. kontemplativ (Eigenschaftswort)
3. kontemplieren (Tätigkeitswort)

Ich sehe, dass diese Wortgruppe, die auf dem Wort „Kontemplation" beruht, folgendes Bedeutet „konzentrierte Betrachtung, sowie innere Sammlung und religiöse Betrachtung".

Das Wort kommt von dem lateinischen Wort, contemplare = betrachten, bedenken

Bei der Meditation habe ich meinen Gedankenfluss betrachtet und festgestellt, dass Bilder von Personen auftauchen mit denen ich kommuniziere.

Also nach dem DUDEN ist Meditation ein geistiges abmessen, oder eine Art und Weise des geistigen abmessen. Ich werde es mit weiterführender Literatur zu diesem Thema ergründen was „Meditation" ist und bedeutet. Ich werde mir auch die Bibel ausleihen in der Bücherhalle, um das komplette Matthäus Evangelium zu studieren. Die Passion und seine 4 Evangelisten: Matthäus-Passion, Markus-Passion, Lukas-Passion, Johannes-Passion.

Heute ist Altweiberfastnacht. Die „7 wöchige Passionszeit" wartet auf mich. Jesus ging in die Wüste, und ich ziehe mich zurück von der Paul-Gerhardt-Gemeinde, um den ganzen Paul-Gerhardt Gemeinde-Apparat auf mich wirken zu lassen, um dort einen vernünftigen Platz zu finde in der Gemeinde.

15.Tag, Do.19.Februar 2009
16:50 Uhr
Ich habe ca. 1 Stunde meditiert bis 17:55 Uhr

16.Tag, Fr.20.Februar 2009
09:00 Uhr
Ich habe ca. eine1/2 Stunde meditiert bis 09:30 Uhr

16.Tag, Fr.20.Februar 2009
16:45 Uhr
Heute habe ich mir zwei Bücher ausgeliehen, bei der Bücherhalle, über Meditation. Dadurch habe ich gelernt, dass Meditation auf verschiedenen Stufen stattfindet, aus der Sicht des Autors. Und außerdem, habe ich mir die Bibel „Die frohe Botschaft" ausgeliehen

Ich habe ca. eine ¾ Stunde meditiert bis 17:30 Uhr

17.Tag, Sa.21.Febuar 2009
08:30 Uhr
Ich habe gestern damit begonnen, mir in den Beiden Büchern über Meditation, einen Überblick zu verschaffen, in dem ich die Vorworte und die Buchrückseiten der Bücher gelesen habe, und habe es gesamt von vorne bis hinten, sowie Seite für Seite durchgeblättert. Anschließend habe ich mir die Gliederung des Inhaltsverzeichnisses angeschaut, um einen Gesamtüberblick zu bekommen.

Die Beiden Bücher über die Meditation heißen „Meditation wozu und wie" und das andere „Zen-Meditation für Christen". Nach der Durchsicht der Inhaltsverzeichnisse habe mich dazu entschieden „Zen-Meditation für Christen" von vorne bis hinten zu studieren. Das andere Buch „Meditation wozu und wie" werde ich als Begleitbuch verwenden.

In der Bücherhalle bin ich auf folgende Informationen gestoßen zu dem Thema Meditation:

- *Philosophische Meditation*
- *Psychologische Meditation*
- *Gesundheitliche Meditation*
- *CD´s für begleitende Meditation (eine Stimme spricht)*
- *Meditative Musik für die Meditation*

Ich habe ca. eine ¼ Stunde meditiert bis 09:00

17.Tag, Sa.21.Februar 2009
18:32 Uhr
Der Samstag geht zu Ende und die Nacht von Samstag auf Sonntag wartet auf mich. Heute bin ich nicht zur Meditation gekommen.

Den Termin bei meiner Heilerin Frau Heitmann musste ich von der 1.Märzwoche auf die 1.Aprilwoche verschieben. Der Termin findet um 16:00 Uhr statt. Frau Heitmann ist Geistheilerin und bietet unter anderen die genannte Schokotherapie an. Die Kakaobohne ist eine alte Heilpflanze,

Frau Lillianna K. Heitmann ist Geschäftsführerin von „BelladonnaLebensArt" und Heilerin. Ihre Praxis befindet sich direkt unter dem Laden „BelladonnaLebensArt" im Keller. Vom Laden aus geht man also über eine offene Treppe in den Keller zur Praxis (www.belladonna.de).

18.Tag, So.22.Februar 2009
08:54 Uhr
Gestern hatte ich ein kleines Gespräch mit meiner neuen Heilerin Frau Lillianna K. Heitmann. Sie empfiehlt mir weiter Schokolade zu Essen. Es fiel der Begriff „Symbiose", und sie hatte mir ein Bild der Blumenwiese gegeben, wo jede Blume die andere unterstützt, zu Leben. Vorweg hatten wir ein paar Sätze über Partnerschaft gesprochen, und wie schwer es teilweise ist eine glückliche Ehe zu führen, und in diesem Zusammenhang kam der Begriff „Symbiose" ins Rennen.

Ich stehe der Zeit in Opposition zur Paul-Gerhardt-Gemeinde, was wohl nicht so außergewöhnlich ist, nur wie ich es mache, da es Schwierigkeiten dort gibt, im Gemeindeleben und dem organisatorischen Ablauf der Gemeinde. Das Problem ist, dass die Systeme dort nicht einzeln funktionieren. Weder das Gottesdienstsystem noch das Kirchenchorsystem oder das Teestubensystem z.B..

Zum anderen kooperieren diese Systeme nicht miteinander. Es gibt also erhebliche Systemprobleme, bei der Paul-Gerhardt-Gemeinde. Ich Frage mich auch welches System benutzt die Paul-Gerhardt-Gemeinde überhaupt:

- *Das alte Kirchensystem*
- *Das neue Kirchensystem*
- *Das Wohngemeinschaftssystem*
- *Das DIN-System*
- *Das humanistische System*

Zum Punkt „humanistische System" gibt es zahlreiche Buchveröffentlichungen, welches unter dem Thema „Humanismus" läuft. Wie sieht die Menschlichkeit aus? Darüber hatten sich schon viele Philosophen Gedanken gemacht, wie „Menschlichkeit" aussehen könnte. Oder soll die Paul-Gerhardt-Gemeinde einen Bogen spannen vom Taoismus zum Christentum und doch eine Sekte werden?

Es ist doch schwerer als ich dachte von heut auf morgen mit der Berichtführung aufzuhören, und einfach mit der Meditation zu beginnen. Ich muss mich noch weiter vorbereiten, und habe mir zum Ziel gesetzt in der Karwoche nur zu meditieren.

Heute werde ich weiter „Meditation" studieren, sowie „Feng-Shui heute". Dann werde ich heute damit beginnen mir ein Gesamtüberblick über das Matthäus-Evangelium zu verschaffen.

18.Tag, So.22.Februar 2009
15:40 Uhr
Ich habe heute die Grundlagen des Feng-Shui weiter studiert und mich weiter mit der „Zen-Meditation" befasst.

Dann habe ich von 15:40 Uhr – 16:40 Uhr meditiert, erst im Sitzen, dann im Liegen: Was mir etwas gibt, und was mir etwas nimmt, und wie ich das ins Gleichgewicht bekomme, weil ich nicht das bekomme was ich brauche, sondern Leute nehmen ständig von mir und ich füge mich zu sehr.

Ich habe festgestellt, dass ich mit Renate Hübner eine offene Rechnung zu begleichen habe. Warum weiß ich nicht?

Das waren Gedanken die mich bewegten während der Meditation.

Weitere Gedanken die ich hatte: Ich werde Renate Hübner darum bitten, mir ihr Geburtsdatum zu geben, ihren Geburtsort und um welche Uhrzeit sie geboren wurde. Ich möchte Renate Hübner mit in die Behandlung einbeziehen. Das wird auch Martin Hübner gut tun.

Kennen Sie auch solche Gedanken?

Und wieder geht ein Tag zu Ende in meinem Leben. Jetzt wartet die Nacht auf mich von Sonntag auf Montag. In der letzten Nacht von Samstag auf Sonntag hatte ich die Erscheinung eines Geistes der mir helfen möchte den richtigen Weg zu einem glücklichen und erfühlten Leben zu finden.

19.Tag, Mo.23.Februar 2009
07:36 Uhr
Die Nacht war ganz ruhig gewesen. Ich hatte mich sogar einmal für längere Zeit einfach ganz grade auf die Matratze gelegt, ohne Kissen unter dem Kopf, auf dem Rücken liegend. So bin ich am entspanntesten. Kurz vor dem Aufstehen hatte ich mich nochmals so hingelegt um zu meditieren. Das war von 05:45 bis 06:00 Uhr. Ich hatte darüber meditiert was für ein System auf mich wartet.

Es ist nicht nur das Paul-Gerhardt-Gemeinde-System, dass nur auf Ausbeutung ausgerichtet ist (…und da ist sicher ein Fünkchen Wahrheit dran), sondern das ganze Wirtschaftssystem ist nur auf Ausbeutung angelegt. Der Monat Februar geht zu Ende und der März wartet auf mich. Die ersten 10 Tage eines Monats sind am hektischen. Die Kaufleute wollen Umsatz machen auf Teufel komm raus. Stein des Anstoßes zur Aktion „7 Wochen ohne" war unter anderen auch der Bäcker, wo ich für eine Zeit mir morgens Brötchen gekauft habe. Der Bäcker kuckte mich an wie ein Hamster, als ich am 2. Feb. nur zwei Brötchen für 60Cent gekauft hatte. Er war darauf aus mir noch viel mehr zu verkaufen, weil Monatsanfang war. Am Mittwoch den 04.Feb. kam es dann zur Aussprache. Er sagte „Du musst mehr kaufen!". Darauf antwortete ich „Weißt Du Bäcker! Wie viele Kaufleute jetzt auf mich warten? Der Schlachter, der Discounter! Und alle wollen mir etwas verkaufen weil Monatsanfang ist!".

Darauf war der Bäcker so groß wie ein Däumling mit Bäckermütze.

Das war auch das letzte Mal das ich dort meine Brötchen gekauft hatte. Ich bin gespannt wie die ersten 10 Tage des Monats verlaufen werden für mich, mit Berichtführung und Meditation.

Das Wetter ist mild geworden, und es weht ein Wind von ca. 6 Windstärken aus Südwest. Schnee liegt schon seit ein paar Tagen nicht mehr.

19.Tag, Mo.23.Februar 2009
17:45 Uhr
Im Liegen habe ich bis 18:15 meditiert.

20.Tag, Di.24.Februar 2009
07:00 Uhr
Ich habe bis 07:45 Uhr meditiert.

Gestern hatte ich das Buch „Zen-Meditation für Christen weiter studiert. Ich zitiere „... Das hießt, es soll weder über etwas nachgedacht werden, noch an etwas Bestimmtes gedacht werden.".

Ich meditier so, dass ich die Gedanken und Eindrücke fließen lasse. Ich versuche die Wahrheit in einer Sache zu sehen. Erst denke ich an die Paul-Gerhardt-Gemeinde und versuche die Wahrheit darin zu sehen.

Dann kommen mir ähnliche Geschehnisse in den Sinn.

Bei mir ist es Meldorf, weil ich dort ebenfalls Schwierigkeiten hatte mich zu integrieren. Dann folgen weitere Geschehnisse. Weil sich bei mir eine Tür öffnete, als 16 jähriger, kann ich mich manchmal an vergangene Leben erinnern. Im Grunde ist alles eine Wiederholung.

Ich bin Aussteiger S., und ein großer Kritiker der S. Kirche. Beim Auditing, was die S. praktizieren, kann man diese Wiederholungen durchbrechen, wenn man Glück hat. Aber auch die Zen-Buddhisten können eine Wiederholung durchbrechen, indem sie Zen-Meditation praktizieren.

Die Christen durchbrechen diese Wiederholung durch die Johannes-Taufe (die Umkehrtaufe), wo wir von allen Sünden der Vergangenheit reingewaschen werden, inkl. der Erbschuld, also unserer karmischen Schuld, und dadurch haben wir die Möglichkeit neu anzufangen. Der dreieinige Gott „Der Vater, der Sohn und der Heilige Geist" hilft uns dabei. Ich bin überzeugter Christ seit 2008 und glaube daran.

Zu Anfang habe ich im Sitzen meditiert. Nach ca. 25min. musste ich meine Hose öffnen, um eine bessere Bauchatmung zu vollbringen. Nach einer gewissen Zeit bin ich aufgestanden. Als ich stand schloss ich wieder meine Hose. Ich streckte mich, weil ich verspannt war. Dann stand ich in verschiedenen Positionen. Ich habe dann ab ca. 07:30 Uhr im Liegen weiter meditiert, bis ca. 07:45 Uhr. Jetzt ist es genau 08:05 Uhr.

20.Tag, Di.24.Februar 2009
17:45 Uhr
Ich habe bis 18:15 Uhr im Sitzen meditiert.

Ich habe heute „Feng-Shui heute" und „Zen-Meditation für Christen" weiter studiert. Ich konnte ein paar Dinge in meiner Wohnung nach Feng-Shui verändern, und dadurch blockierte Energieflüsse zum Fließen bringen. Vorweg war die Meditation notwendig, um dieses zu tun. Ich habe herausgefunden, dass Meditation und Feng-Shui sich ergänzen, und zu einem Kosmos gehören.

Jetzt ist es 18:19 Uhr.

21. Tag, Mi. 25. Februar 2009
07:27 Uhr
Der Monat Februar geht zu Ende, und die 10 Tage des März 2009 warten auf mich. Die ersten 10 Tage sind am anstrengendsten, weil ein Wirtschaftssystem auf mich wartet, das mich ausbeuten will. Deswegen steht die Frage groß im Raum bei mir „Wie schütze ich mich gegen Ausbeutung?".

Ich habe im Sitzen von 07:35 Uhr bis 07:50 Uhr meditiert und versucht an nichts zu denken, sondern einfach meine Umgebung wahrzunehmen mit allen Sinnen.

21. Tag. Mi. 25. Februar 2009
16:15 Uhr
Ich habe bis 17:15 Uhr im Liegen meditiert.

Der Jakobsweg ist überall

1. Woche, Passionszeit

22. Tag, Do. 26. Februar 2009

23. Tag, Fr. 27. Februar 2009

24. Tag, Sa. 28. Februar 2009

25. Tag, So. 01. März 2009

26. Tag, Mo. 02. März 2009

27. Tag, Di. 03. März 2009

28. Tag, Mi. 04. März 2009

29. Tag, Do. 05. März 2009

22.Tag, Do.26.Februar 2009
08:06 Uhr
Heute beginnt die Passionszeit, die nach Aschermittwoch beginnt und Ostern endet. Das sind insgesamt 7.Wochen. In der letzten Nacht, von Mittwoch auf heute, hatten mich vergessene Zwänge geplagt. Es ist vielmehr ein Konsumrausch, weil die ersten 10 Tage des Monats März auf mich warten. Dieser Konsumrausch wiederholt sich jeden Monat. Plötzlich fühle ich mich dazu innerlich aufgerufen einzukaufen, vor allem Lebensmittel. Das letzte Drittel des Monats esse ich dann sehr wenig, weil ich den größten Teil meines Geldes dadurch verbraucht habe. Am Monatsanfang kaufe ich mir dadurch Lebensmittel weil ich total ausgehungert, in den nächsten Monat gehe. Und das wiederholt sich, und wiederholt sich, und . . . .

Genauso wie ich zum Paul-Gerhardt-Gemeinde-System (kurz = P.G.G.S.) in Konflikt stehe, stehe ich auch zum Hamburger-Wirtschafts-System (kurz = H.W.S.) in Konflikt. Beim P.G.G.S. ist es der Verrat und beim H.W.S. ist es die Gier des Systems, wozu ich in Konflikt stehe. Ich werde jetzt versuchen zu meditieren. Es ist jetzt 08:23 Uhr

Im Liegen habe ich bis 08:41 Uhr kognitiv meditiert

Ich habe erkannt, dass es immer schwer ist von einem System nicht ausgenutzt zu werden und das zu bekommen was man/frau braucht. Es ist egal ob es z.B. ein:

- *Wirtschaftssystem*
- *Familiensystem*
- *Ehesystem*
- *Gemeindesystem*
- *Firmensystem*

Ist.

22.Tag, Do.26.Februar 2009
17:40 Uhr
Ich habe in verschiedenen Positionen (liegend und sitzend) über meine Energieflüsse meditiert, bis 18:40 Uhr.

23.Tag, Fr.27.Februar 2009
07:58 Uhr
Der Monatsanfang wartet auf mich und ich bin durch die Meditation ohne innere Zwänge, also keinem Konsumrausch ausgesetzt.

23. Tag, Fr. 27. Februar 2009
16:00 Uhr

Heute war ich bei meiner neuen Heilerin Frau Lillianna K. Heitmann. Wir haben einen Termin vereinbart, am 11. März 2009 um 16:00 Uhr. Es ist oft so, dass ich neue Leute kennenlerne, wenn ich grundsätzlich etwas in meinem Leben verändere (www.belladonna.de).

Die Heilerin Frau Lillianna K. Heitmann hatte ich gleich zu Anfang am 2. Tag nach meiner Lebensveränderung „7 Wochen ohne" kennengelernt. Frau Heitmann bringt eine völlig neue positive Energie in meine Leben.

Im Gegensatz dazu ist die Paul-Gerhardt-Gemeinde eine andere Sache die mir Kraft gibt, aber auf der anderen Seite total anstrengend ist, und mir viel nimmt.

Mit dem Kirchenchor ist es ähnlich. Auf der einen Seite haben wir viel Spaß zusammen, aber auf der anderen Seite ist man teilweise total genervt.

Heute habe ich weiter Feng-Shui studiert. Jetzt bin ich bei den Trigrammen angelangt. Es geh darum, wie die Yang-Energie zur Yin-Energie fließt, und umgekehrt. Und wie sich diese Beiden Energien gegenseitig fördern und kontrollieren. Ich habe dann wieder ein paar Dinge in meiner Wohnung umstellen können, um meine Wohnung zu einem besseren Ort werden zu lassen, wo man/frau sich wohl fühlt.

Die Paul-Gerhardt-Gemeinde müsste sich mit ihren Energieflüssen befassen. Das würde helfe.

Seit dem 06.Februar esse ich ausgewählte Schokoladen. Die Kakaobohne ist ein uraltes Heilmittel. Meine Mutter hat dazu früher auch Nervennahrung gesagt. Also, mir hat das geholfen, und ist Teil meines neuen Lebenswandels.

Was die Meditation betrifft, setze ich mich öfter im Laufe des Tages auf einen Stuhl, um mich darin zu Üben.

Es gab ein kleines Festessen, mit Kartoffelsalat und Würstchen. Aber, was mich auch immer wundert, dass ich fast immer allein esse. Mit meiner guten Freundin Kathrin Föhrweiser, eine Fränkin, die ich im Aug. 2002 in Hamburg kennengelernt habe, und die in Hamburg Heilpraktikerin geworden ist, und danach im Okt. 2005 wegzog aus, habe ich oft und gerne zusammen gegessen

24.Tag, Sa.28.Februar 2009
11:11 Uhr
Es ist Ruhe in mein Leben gekehrt durch meinen neuen Lebenswandel. Es ist Monatsende/ Monatsanfang und ich bin nicht wie ein aufgescheuchtes Hühnchen durch Winterhude gelaufen, um tausend Dinge zu erledigen wie sonst in den letzten Jahren. Ich glaube, dass ich das der Meditation zu verdanken habe und auch der Philosophie Feng-Shui sowie der Schokolade. Und auch dem dreieinigen Gott.

24.Tag, Sa.28.Februar 2009
16:45 Uhr
Ich hatte im Liegen bis 17:15 Uhr und im Sitzen bis 17:30 Uhr über meine Energieflüsse meditiert, und festgestellt, dass ich auf eine Art und Weise wohl Taoist bin, weil ich darum bemüht bin mit der Natur im Einklang zu Leben. Aber wer versucht das nicht, außer ich?

25.Tag, So.01.März 2009
09:45 Uhr
Ich spüre wie anstrengend es ist nicht zum Gottesdienst zu gehen, weil unterschiedliche Kräfte an mir rumziehen, dass ich dort erscheinen soll.

Seit gestern plagt mich der Gedanke, dass ich auf dem Hamburger Fischmarkt arbeite. Aber seit dem 18.Jan. 2003 stehe ich auf keinen Markt mehr. Von 1992 bis 2002 war der Hamburger Fischmarkt ein Teil meines Lebens und hat mein Leben mitbestimmt. Woher der Gedanke kommt, dass ich auf dem Hamburger Fischmarkt stehe, weiß ich nicht.

25.Tag, So.01.März 2009
19:00 Uhr
Ich habe im Sitzen bis 19:15 Uhr meditiert.

26.Tag, Mo.02.März 2009
08:50 Uhr
Ich habe im Sitzen bis 09:00 Uhr meditiert.

26.Tag, Mo.02.März 2009
15:10 Uhr
Kein Eintrag

27.Tag, Di.03.März 2009
Kein Eintrag

28.Tag, Mi.04.März 2009
Kein Eintrag

Kein Eintrag, Lesen Sie weiter . . .

Der Jakobsweg ist überall

2.Woche, Passionszeit

29.Tag, Do.05.März 2009

30.Tag, Fr.06.März 2009

31.Tag, Sa.07.März 2009

32.Tag, So.08.März 2009

33.Tag, Mo.09.März 2009

34.Tag, Di.10.März 2009

35.Tag, Mi.11.März 2009

36.Tag, Do.12.März 2009

29.Tag, Do.05.März 2009
Kein Eintrag

30.Tag, Fr.06.März 2009
Kein Eintrag

31.Tag, Sa.07.März 2009
Kein Eintrag

32.Tag, So. 08.März 2009
Kein Eintrag

33.Tag, Mo. 09.März 2009
„Kein Eintrag" bedeutet, dass mir das gelungen ist, was ich mir in der 2.Woche der Vorbereitung, am Mi.18.Februar 2009, 14:02 Uhr vorgenommen hatte mit der Aussage „Es hat eine andere Form der Ruhefindung begonnen."

Das war am 14.Tag. Heute ist der 33.Tag, und „Kein Eintrag" begann am 26.Tag, Montag, den 02.März 2009, 15:10 Uhr, Ich habe also 12 Tag dafür benötigt um das zu erreichen.

7 Tage habe ich jetzt keinen Eintrag gemacht.

In diesen 7 Tagen habe ich weiter studiert. Es gibt eine Vielzahl von Systemen, um eine Gruppe zu organisieren. Das ist keine neue Erkenntnis für mich. Ich hatte diese Erkenntnis schon 1993, aber ich hatte damals keine Liste erstellt „über die tausend Arten der Planung", was ich jetzt nachgeholt habe. Wenn diese Liste vollständig ist – meiner Meinung nach – werde ich diese Liste in diesen Bericht mit einfließen lassen.

Ich werde auch eine Liste erstellen, über „Die tausend Arten der Meditation", weil es viele Arten und Weisen gibt zu meditieren.

33.Tag, Mo.09.März 2009
16:30 Uhr
Meditation bis 17:00 Uhr

34.Tag, Di.10.März 2009
Meditation

35.Tag, Mi.11.März 2009
Meditation

Heute, am 11.März, habe ich, ein Termin bei Frau Heitmann, für die 1.Chakrareinigung.

Meditation, Lesen Sie weiter . . .

Der Jakobsweg ist überall

3.Woche, Passionszeit

36.Tag, Do.12.März 2009

37.Tag, Fr.13.März 2009

38.Tag, Sa.14.März 2009

39.Tag, So.15.März 2009

40.Tag, Mo.16.März 2009

41.Tag, Di. 17.März 2009

42.Tag, Mi.18.März 2009

43.Tag, Do.19.März 2009

36.Tag, Do.12.März 2009
Meditation

37.Tag, Fr.13.März 2009
Meditation

38.Tag, Sa.14.März 2009
Meditation

39.Tag, So.15.März 2009
08:47 Uhr
Ich habe die Nacht hinter mich gebracht, Um 03:00 Uhr morgens lag ich für eine Zeit wach, und mir ging der Hamburger Fischmarkt durch den Kopf. 10 Jahre Altona Fischmarkt, der als Hamburger Fischmarkt bekannt ist, von 05:00 Uhr bis 09:30 Uhr, damit die Leute noch zur Kirche gehen können. Ich kann mich mal wieder nicht von dem Gefühl trennen, dass eine gewisse Anzahl von Personen denken, dass ich auf dem Hamburger Fischmarkt nebenbei schwarz arbeite, Dieser Vorwurf ist eine enorme seelische Belastung für mich.

Seit dem 18.Jan.2003 war ich auf keinen Markt, weder als Besucher noch als Händler. Über den Winterhuder Markt muss ich gehen, weil ich hier lebe. Die Marktbeschicker sind seit dem 18.Jan.2003 fremde Leute für mich.

Meditation:
Schuldig durch Anwesenheit: Das sind meine Grundgedanken und Grundgefühle die mich bewegen, und so kommen Bilder und Emotionen die zu diesem Thema gehören. Diese Gedanken und Gefühle lasse ich fließen, ohne mich darin zu verstricken. Das sind:

- *Kirche*
- *Familie*
- *Alltag*
- *Chor*
- *Konkurrenz*

Im Einzelnen
Meditation bedeutet, dass ich mich durch Meditation im Gleichgewicht halte, ohne die Reflexion des Schreibens. Heute ist mal wieder ein Tag erreicht, wo ich zum Stift greife. Ich erkenne eine Skala der seelischen Auseinandersetzung:

- *Meditation*
- *Schreiben*
- *Briefe schrieben*
- *Telefongespräche*
- *Persönliche Gespräche*

Gestern habe ich Renate Hübner einen Brief geschrieben, wo ich ihr meine Hilfe anbot eine neue Ordnung für sich zu finden, damit ihr Stress nachlässt.

Sie wirkt auf mich gestresst, und dieser Stress überträgt sich auf den Chor. Nicht nur das Renate Hübner Stress mitbringt, sondern auch die Chorglieder. Bei den Chorgliedern zeigt es sich durch das rum Gemotze. Renate bekommt davon nichts mit, was unter den Chorgliedern läuft. Hier ein Hieb, da eine niederträchtige Bemerkung u.s.w. . Das Nervt.

Durch den regelmäßigen Gottesdienstbesuch habe ich mich ungewollt schuldig gemacht, durch meine Anwesenheit. Die Leute die den Gottesdienst veranstalten haben gar keine Lust und würden lieber gerne am Sonntag zu Hause bleiben. Genauso wie bei den Teestubendamen.

Ich möchte mich nicht durch einen Gottesdienst schuldig machen. Dann sollen die doch zu Hause bleiben.

Durch meinen regelmäßigen Gottesdienstbesuch wurde ich auffällig. „Ach! Der schon wieder!" so wurde ich wahrgenommen. Es ist immer ein kleiner fester Kreis von Gottesdienstbesuchern, der sich trifft. Und so wurde ich auffällig. Irgendwann wurde ich gefragt ob ich nicht Lust hätte mitzuhelfen. „Wir brauchen unbedingt noch eine Männerstimme im Kirchenchor!".

Bei der S. Kirche war es genauso. Durch meine Anwesenheit wurde ich auffällig, und wurde gefragt, ob ich nicht Lust hätte hier zu arbeiten. Aber im gleichen Augenblick wurde eine andere Gegenstimme wach von Uwe Rathje „Du meinst wohl, du kannst hier einfach so mitmachen bei uns, oder was!".

Als Gruppendynamik könnte man das Bezeichnen.

Wenn man zu einer Gruppe gehören möchte, muss ein Teil der Gruppe dafür sein, das man mitmachen darf. Oder man kommt in eine Gruppe, und die Existenz besteht darin, nicht dazu zu gehören.

Das Problem beginnt mit der Geburt, ob das Kind gewünscht oder unerwünscht ist. Aber dieser Konflikt ist vorprogrammiert, durch die Polarität.

Um den Gedanken noch weiter zu führen „Schuldig durch Anwesenheit" gehe ich mit diesem Gedanken zum Bäcker, wo ich regelmäßig meine Brötchen gekauft hatte. Dort hatte ich mich ebenfalls durch meine Anwesenheit schuldig gemacht „Du mit dein scheiß zwei Brötchen jeden Morgen.

Bei der Teestube, zu der ich bei der Paul-Gerhardt-Gemeinde war, war es genauso „Schuldig durch Anwesenheit".

Jetzt mache ich einen Punkt, weil der Sonntag auf mich wartet der gelebt werden möchte.

39.Tag, So.15.März 2009
17:00 Uhr
Meditation:

40.Tag, Mo.16.März 2009
Mediation

41.Tag. Di.17.März 2009
Meditation

42.Tag, Mi.18.März 2009
Meditation
Wohnung mit weißen Salbei ausgeräuchert
Aura gereinigt mit weißen Salbeirauch

Der Jakobsweg ist überall

4. Woche, Passionszeit

43. Tag, Do. 19. März 2009

44. Tag, Fr. 20. März 2009

45. Tag, Sa. 21. März 2009

46. Tag, So. 22. März 2009

47. Tag, Mo. 23. März 2009

48. Tag, Di. 24. März 2009

49. Tag, Mi. 25. März 2009

50. Tag, Do. 26. März 2009

43.Tag, Do.19.März 2009
Kein Eintrag

44.Tag, Fr.20.März 2009
Kein Eintrag

45.Tag, Sa.21.März 2009
Kein Eintrag

46.Tag, So.22.März 2009
Kein Eintrag

47.Tag, Mo.23.März 2009
Kein Eintrag

48.Tag, Di.24März 2009
Kein Eintrag

49.Tag,Mi.25.März 2009
Kein Eintrag

Kein Eintrag! Lesen Sie weiter . . .

Der Jakobsweg ist überall

5.Woche, Passionszeit

50.Tag; Do.26.März 2009

51.Tag, Fr.27.März 2009

52.Tag, Sa.28.März 2009

53.Tag, So.29.März 2009

54.Tag, Mo.30.März 2009

55.Tag, Di.31.März 2009

56.Tag, Mi.01.April 2009

57.Tag, Do.02.April 2009

50.Tag, Do.26.März 2009
Kein Eintrag

51.Tag, Fr.27.März 2009
Kein Eintrag

52.Tag, Sa.28.März 2009
Kein Eintrag

53.Tag, So.29.März 2009
Kein Eintrag

54.Tag, Mo.30.März 2009
Kein Eintrag

55.Tag, Di.31.März 2009
Kein Eintrag

56.Tag, Mi.01.April 2009
Kein Eintrag

Keinen Eintrag! Lesen Sie weiter . . .

Der Jakobsweg ist überall

6.Woche, Passionszeit

57.Tag, Do.02.April 2009

58.Tag, Fr.03.April 2009

59.Tag, Sa.04.April 2009

60.Tag, So.04.April 2009

61.Tag, Mo.05.April 2009

62.Tag, Di.06.April 2009

63.Tag, Mi.07.April 2009

64.Tag, Do.08.April 2009

57.Tag, Do.02.April 2009
Kein Eintrag

58.Tag, Fr.03.April 2009
Kein Eintrag

Heute, am 03.April, habe ich, ein Termin bei Frau Heitmann, für die 2.Chakrareinigung.

59.Tag, Sa.04.April 2009
Kein Eintrag

60.Tag, So.05.April 2009
Kein Eintrag

61.Tag, Mo.06.April 2009
15:04 Uhr
Heute ist Montag und ich bewege mich auf den Donnerstag der 7.Passionswoche zu. Meine Zeit „7Wochen ohne" geht langsam zu Ende. Für mich beginnt eine neue Auseinandersetzung mit der Paul-Gerhardt-Gemeinde. Ich frage mich jetzt, wie ich meine Erkenntnisse über die Paul-Gerhardt-Gemeinde und mich in die reale Welt umsetze?

Als erstes spüre ich eine Angst vor der neuen Begegnung. Was werden die Leute sagen? Werden sie mich annehmen? Werden die Leute mich verstehen? Was soll ich den Leuten sagen? All diese Fragen beschäftigen mich jetzt.

Das fremde System und ich. Die Religionen dieser Welt und ich. Der Glaube der Paul-Gerhardt-Gemeinde und mein Glaube.

Am 07.März 2009 hatte ich eine Liste angefertigt über die „Tausend Arten der Planung" die ich an dieser Stelle auf hier mit einfließen lassen möchte.

Mit Brainstorming erstellt:

Die tausend Arten der Planung

- Abendländische Philosophie
- Morgenländische Philosophie
- Religionen
- Fernöstlich Philosophie
- Listen
- Pläne
- GmbH
- KG
- Körperschaften
- Vereine
- Taoismus
- Managementsysteme
- Betriebssysteme
- Reihenfolgen
- Gewerkschaften
- Logik
- Feng-Shui
- Familienbetriebe
- Psychologie
- Systemisches Denken
- Amtssprache
- Computersysteme
- Computersprache
- Industriesysteme
- Deutsche Industrienorm
- Glaubenssysteme
- Kirchensysteme

62.Tag, Di.07.April 2009
Kein Eintrag

63.Tag, Mi.08.April 2009
Kein Eintrag

Der Jakobsweg ist überall

7.Woche, Passionszeit

Gründonnerstag
64.Tag, Do.09.April 2009

Karfreitag
65.Tag, Fr.10.April 2009

66.Tag, Sa.11.April 2009

Ostersonntag
67.Tag, So.12.April 2009

Ostermontag
68.Tag, Mo.13.April 2009

69.Tag. Di.14.April 2009

70.Tag. Mi.15.April 2009

71.Tag, Do.16.April 2009

64.Tag, Do.09.April 2009
Kein Eintrag

65.Tag, Fr.10.April 2009
08:19 Uhr
Heute wollte ich zum Karfreitag Gottesdienst gehen, aber ich merke, dass es noch zu früh ist für eine neue Begegnung. Deswegen hatte ich gestern einen Brief an Pastor Moser geschrieben, wie ich mir das Leben bei der Paul-Gerhardt-Gemeinde vorstelle:

Ich gehe zum Gottesdienst und dafür singe ich beim Cantemus Chor mit. Zur Teestube gehe ich nicht mehr.

Am Dienstag, den 14.April 2009 gehe ich um 09:00 Uhr zu Pastor Moser, und lasse es mir absegnen, wie ich mir das Leben bei der Paul-Gerhardt-Gemeinde vorstelle.

Also bleibe ich Karfreitag und die Ostertage noch fern von der Paul-Gerhardt-Gemeinde.

66.Tag, Sa.11.April 2009
Ich werde erst am Do., den16.April 2009 zu Pastor Moser gehen, und habe ihm einen Brief geschrieben, worin ich ihm dies mitgeteilt habe.

Was das Briefe schreiben betrifft, sind nicht nur zur Paul-Gerhardt-Gemeinde Briefserien entstanden, sondern auch an meine Herkunftsfamilie, Uwe Rathje, und auch an eine gute Bekannte, die die Straße Richtung Sünden runter wohnt, am Winterhuder Mart, der ca. 10min. Fußweg entfernt ist. Es ist eine außergewöhnlich gute Freundin. Wir sehen uns nicht so oft, aber wenn wir uns treffen, ist es immer sehr unterhaltsam.

1999 war ich aus der S. Kirche ausgetreten, was der Zeit wieder Thema wird. Ich wurde öfter direkt darauf angesprochen: Wie kann man da austreten, ich habe gehört, dass das gar nicht geht? Wie wird man da überhaupt Gemeindeglied? Was hast du da studiert? Wie funktioniert A.? Warum ist das eine Kirche? Und viele weitere Fragen

Leute, die etwas außer gewöhnliches erlebt haben, schreiben zahllose Briefe an Freunde und Verwandte. Da bin ich nicht der Einzige. Wenn es sehr außergewöhnlich war, schreiben diese Leute ein Buch darüber, oder es wird ein Buch über sie geschrieben.

Ob das außergewöhnlich war oder nicht, ist Empfindungssache, Viele wollen auch nur etwas zu reden haben, um von sich selbst abzulenken.

67.Tag, So.12.April 2009
Kein Eintrag

68.Tag, Mo.13.April 2009
Kein Eintrag

69.Tag, Di.14.April 2009
Kein Eintrag

70.Tag, Mi.15.April 2009
Kein Eintrag

Der Jakobsweg ist überall

1.Woch, danach

71.Tag, Do.16.April 2009

72.Tag, Fr.17.April 2009

73.Tag, Sa.18.April 2009

74.Tag, So.19.April 2009

75.Tag, Mo.20.April 2009

76.Tag, Di.21.April 2009

77.Tag, Mi.22.April 2009

78.Tag, Do.23.April 2009

71.Tag, Do.16.April 2009
15:46 Uhr

Die erste Woche danach beginnt. Heute gehe ich um 18:00 Uhr zu Pastor Moser um über mein neues Leben in der Gemeinde zu sprechen. Es sind fast 10 Wochen Vergangen, dass wir miteinander geredet haben. Ich bin ganz gespannt wie Pastor Moser sich fühlt, wenn er mich wieder sieht.

So langsam kommen die Früchte dieser Zeit, wie z.B. neue Erkenntnisse. Ich habe eine Erkenntnis: Einem System zu begegnen und kennenzulernen, ist genauso schwer, wie einen Menschen kennenzulernen, weil die Pläne, die jemand verfolgt, im Verborgenen geschmiedet werden, und nur wenige, oder keiner weiß davon.

Ein System besteht aus verschiedenen Gruppen die zusammen arbeiten, mal mehr, mal weniger, mal gegeneinander, mal miteinander. Und jede Gruppe hat ihre eigenen Pläne. Diese Pläne liegen nicht offen auf dem Tisch, sondern es ist eine Art Gruppengeheimnis.

Erneut bin ich in den letzten Wochen in einen Nachbarschaftskonflikt reingezogen worden, der schon seit Okt.2003 am Laufen ist. Kein Mensch weiß was meine Nachbarin für Probleme hat. Ich wurde sogar direkt gefragt, was mit meiner Nachbarin los ist, Ich konnte nur antworten „Ich weiß das nicht!"

72.Tag, Fr.17.April 2009
13:00 Uhr
Das gestrige Gespräch mit Pastor Moser war ganz locker. Ich hatte ihn erst Mal gefragt, was für ein Gefühl es ist mich wiederzusehen, weil wir uns das letzte Mal vor ca. 10 Wochen gesehen haben, und miteinander geredet haben.

Wir hatten uns eine Zeitlang unterhalten. Ich hatte Pastor Moser dann gesagt, wie ich es mir vorstellen könnte in der Paul-Gerhardt-Gemeinde zu leben: Ich gehe zu den Gottesdiensten und singe im Kirchenchor. Alles andere wird zu viel. Das Briefeschreiben soll auch ein Ende haben. Er war damit einverstanden.
Ich war glücklich darüber. Ich habe jetzt das Gefühl zur Paul-Gerhardt-Gemeinde zu gehören. Auch wenn es ein sehr kantiger Weg war, hat es geholfen, meinen Platz in der Paul-Gerhardt-Gemeinde zu Winterhude, zu finden.

Am kommenden Montag, werde ich Renate Hübner anrufen, um mit ihr zu reden. Ich habe etwas Muffensausen davor, weil es sehr emotional war zwischen uns, was in der letzten Zeit vorgefallen war.

Am kommenden Sonntag werde ich wieder zum Gottesdienst gehen.

73.Tag, Sa.18.April 2009
Kein Eintrag

74.Tag, So.19.April 2009

Heute ist Sonntag. Ich werde heute zum ersten Mal wieder zum Gottesdienst gehen. Ich werde verschiedene Leute wiedersehen. Es ist mir peinlich, weil sehr viel passiert war in der letzten Zeit, wie z.B. die Sache mit Renate Hübner, und meinem Wohnungsschlüssel.

Die „7 Wochen ohne" waren sehr aufreibend, aber ich hatte dadurch viele Erkenntnisse, und jetzt wieder:

Die Vielzahl der Therapeuten, und wie sie sich aufteilen. Es gibt 4 Hauptlager:

1.Lager:

- *Ärzte*
- *Psychiater*

2.Lager:

- *Psychologen*
- *Pädagogen*

3.Lager:

- *Heilpraktiker*
- *Naturheiler*

4.Lager:

- *Theologen*
- *S.*

74.Tag, So.19.April 2009
18:50 Uhr
Ich war heute das erste Mal wieder zum Gottesdienst. Es war ein langer Gottesdienst, weil die neuen Konfirmanden gesegnet wurden.

Es war nicht so schlimm, wie ich dachte, nach so langer Zeit die Gemeinde wiederzusehen. Ich wollte mein Platz finden in der Gemeinde, und ich habe das Gefühl, dass ich ihn gefunden habe.

Ich und die Andern.

75.Tag, Mo.20.April 2009
Kein Eintrag

76.Tag, Di.21.April 2009
16:52 Uhr
Als ich mit „7 Wochen ohne" begann hatten wir Winter. Insgesamt hatten wir einen sehr schönen weißen Winter, der sehr lang und kalt war. Der Mai beginnt in ca. 1 ½ Wochen, der Frühling ist da.

Ich finde es sehr interessant, weil ich von Station zu Station eine persönliche Reifung durchwanderte, und gleichzeitig erlebe ich wie in meiner Außenwelt eine Wandlung stattfindet, vom Winter zum Frühling.

Das System in dem ich lebe. Ich habe gelernt, dass in einem funktionierendem System, jeder seinen Platz kennen muss, damit Gemeinde leben harmonisch stattfinden kann.

77.Tag, Mi.22.April 2009
16:48 Uhr
Heute habe ich eine Karte von unserer Kantorin Renate Hübner bekommen, wo sie mir mitteilen möchte, dass die Cantemus Chorprobe morgen um 16:45 Uhr ist und nicht um 18:00 Uhr.

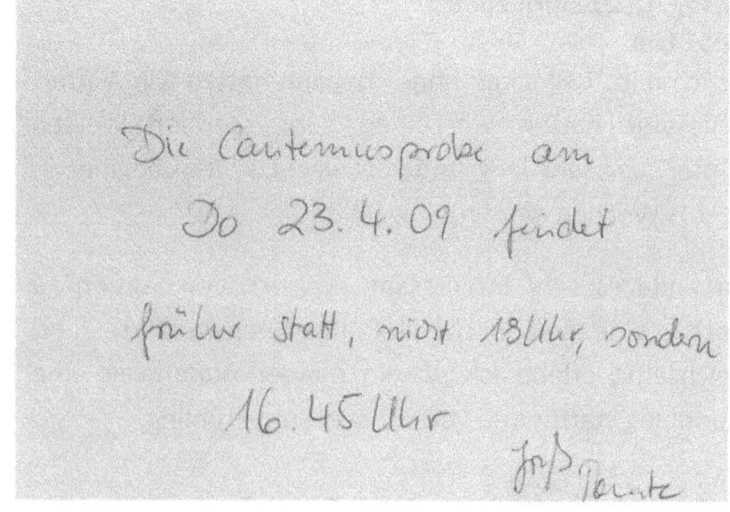

01.Die Postkarte

Morgen ist der große Tag wo ich nach ca. 10 Wochen Renate Hübner und den Chor wiedersehe. Renate hatte ich zufällig vor ein paar Wochen in der Ulmstraße getroffen, wo wir kurz miteinander geredet haben. (Die Ulmstraße liegt Nordöstlich vom Winterhuder Markt, und ist vom Winterhuder Markt ca. 200m entfernt)

Aber trotz dem ist es sehr spannend für mich sie wiederzusehen. Wir hatten uns am Fr. den 20.März 2009 gegen 16:00 Uhr in der Ulmstraße getroffen. Ich weiß das noch zufällig, weil ich anschließend bei unserem kleinen Einkaufzentrum „Forum Winterhude" war (www.forumwinterhude.com).

Der Jakobsweg ist überall

2.Woche, danach

79.Tag, Do.23.April 2009

80.Tag, Fr.24.April 2009

81.Tag, Sa.25.April 2009

82.Tag, So.26.April 2009

83.Tag, Mo.27.April 2009

84.Tag.Di.28.April 2009

85.Tag, Mi.29.April 2009

86.Tag, Do.30.April 2009

79.Tag, Do.23.April 2009
Kein Eintrag

80.Tag, Fr.24.April 2009
Die letzte Woche hat begonnen. Jetzt sind noch 6 Tag übrig. Gestern war ich zur Cantemus Chor Probe. Es war ein lockeres wiedersehen. Frau F., von der Teestube, die auch im Chor mitsingt, hat sich sehr gefreut mich wiederzusehen, und sagte „Hallo Olaf! Schön dich wiederzusehen!", und ich sagte „Schön sie wieder zu sehen!". Frau F. singt Sopran, und sie hatte mir gesagt, dass sie seit 2 ½ Jahren beim Chor mitsingt. Aber sie macht den Eindruck auf mich als wäre sie schon über 10 Jahre dabei. Frau F. ist viel älter als ich. Sie ist wohl schon über 70 Jahre alt. So kann man sich täuschen.

Renate und ich hatten uns die Hand gegeben, bei der Begrüßung, und uns angelächelt. „Tach Olaf!" sagte Renate, und ich sagte „Tach Renate!". Dann habe ich mir einen Stuhl genommen und mich dazu gesetzt.

Während der Probe hatten Renate und ich uns ab und zu tief in die Augen geschaut. Renate hatte dann so ein schönes Lächeln auf ihren Lippen.

Ich war glücklich wieder beim Cantemus Chor zu sein. Und ich dachte „Integration ist doch möglich!".

Renate Hübner war auch nicht faul gewesen, in den letzten 12 Wochen. Sie hatte Kurse geben. Einmal einen „Intervallkurs für Anfänger" und dann einen „Intervallkurs für Fortgeschrittene". Als Sänger singt man Intervalle. Intervalle sind Tonabstände. Mal liegen die Töne dicht zusammen. Mal liegen die Töne weit zusammen. Das Ganze nennt sich dann „Intervallsystem". Auch in der Kunst der Musen gibt es Systeme. Wie z.B. 12 Tonsysteme, 7 Tonsysteme oder 5 Tonsysteme. Und noch viel mehr an Systemen gibt es dort, wie z.B. das Notationssystem.

Nicht nur das. Renate Hübner war wirklich fleißig in der Zeit. Renate Hübner hat einen Frauenchor gegründet, und der ist in dieser Zeit gewachsen und stabiler geworden. Renate Hübner ist wirklich eine fähige Chorleiterin. Woher kann sie das alles? Renate ist 3.Geboren so wie ich. Renates Brüder sind mit ihrem eigenen Orchester unterwegs. Renate kommt aus einer Musikerfamilie. Renate ist im Ruhrgebiet geboren und nicht in Hamburg. Ihre Wahlheimat ist Hamburg, so wie es auch meine Wahlheimat ist. Aber mein Großvater mütterlicherseits, war gebürtiger Hamburger und ist auf dem Ohlsdorfer Friedhof beerdigt.

Renate Hübner hat nicht nur ein schönes Lächeln, sondern auch schöne Hände.

Königskind

Es waren zwei Königskinder.
Die musizierten so gerne miteinander.
Und konnten nicht bei einander kommen.
Denn das Wasser war viel zu tief.

Da sagte sie „Ich will dir ein Lichtlein anzünden!"
Das hörte ein falsches Nönnchen.
Die tat das Lichtlein auszünden.
Der Jüngling ertrank so tief.

Autor: Olaf Behrens

Aber Renate Hübner und ich haben es doch trotzdem hinbekommen, aus welchen Gründen auch immer.

81.Tag, Sa.25.April 2009
Ich war heute zur Samstag Abendandacht, die immer am Monatsende ist, bei der Paul-Gerhardt-Gemeinde. Mir hatte die Andacht viel geben. 2 Personen wurden getauft, die Beiden waren um die 13, 14 Jahre alt. Sie hieß M. . Er hieß T. .

Pastor Moser war der Täufer „Und hiermit taufe ich dich im Namen Gottes, des Vaters, des Sohnes und des Heiligen Geistes . . ."

Tagsüber hatte ich mich um einen Nachbarschaftskonflikt gekümmert, von dem ich schon berichtet habe. Eine Nachbarin greift mich an, und keiner weiß warum.

Es gibt männliche Gewalt, und es gibt weibliche Gewalt. Weibliche Gewalt sind die richtig fiesen Sachen, wogegen man sich schwer wehren kann, wie z.B. Erpressung, Mobbing, Verschwörung, Intrigen, Aufhetzung dritter gegen andere

Mir geht es nicht darum hier ein Klischee zu bedienen über weibliche Gewalt, nur dass dies derzeit meine Erfahrungswerte sind. Seit 2007 lese ich einschlägige Literatur über die weibliche Psyche, um meine Nachbarin zu begreifen, was mit ihr los ist.

Ich muss mich gegen eine Vielzahl der ob genannten Dinge wehren, und bin auf der Suche nach einem Rechtsanwalt, den ich heute gefunden habe. Einen Rechtsanwalt, aus München, der Spezialist ist für weibliche Gewalt. Das ist kurz vor dem Frauenknast.

Es ist nicht das erste Mal, dass ich mit weiblicher Gewalt konfrontiert werde. Ich kenne das auch von meinen Cousinen.

Was die Psyche meiner Nachbarin betrifft, habe ich herausgefunden, dass die Schriftstellerin Amelie Fried Romane über solche Frauen schreibt.

82.Tag, So. 26.April 2009

Heute war ich zum sonntäglichen Hauptgottesdienst bei der Paul-Gerhardt Gemeinde. Ich hatte am Abendmahl teilgenommen. Das hat mit geholfen etwas loszuwerden, denn, ich hatte an die St. Nikolai-Kirche gedacht. Die St. Nikolai-Kirche ist beim großen Hamburger Brand völlig niedergebrannt, wurde wieder aufgebaut, und im 2.Weltkrieg wieder zerstört. Danach wurde ihr Standort verändert, nach Hamburg-Eppendorf, und am Klosterstern wieder neugebaut.

In Hamburg gibt es einen ständigen Stress. Auf der einen Seite bringt der Stress spaß, aber auf der anderen Seite ist der Stress gefährlich. Wie z.B. diese Burnout Geschichte die es neuerdings in Hamburg gibt. 1850 war es der Schlaganfall, heute ist es Burnout.

Vorsicht Stress! Lesen Sie weiter . . .

83.Tag, Mo.27.April 2009

Heute habe ich die letzte Hürde genommen. Das Briefschreiben an Pastor Moser hat endlich ein Ende gefunden, denn ich habe Pastor Moser zur Rede gestellt.

Ich hatte die Seelsorge von Pastor Moser in Anspruch genommen, die zum einen sehr hilfreich war, aber auch seine Schattenseiten hat. Pastor Moser hatte immer gesagt, dass er „Pastorale Seelsorge" praktiziert. Er hat sogar betont, dass er mal einen Fall behandelt hat, und die Grundlagen der Psychologie studiert hat. Ist Pastor Moser Psychologe oder Pastor?

Die Leute erzählen Pastor Moser alles Mögliche. Pastor Moser wundert sich dann, warum die Leute so viel zu erzählen haben, wenn man ihnen zuhört. Anschließend hat Pastor Moser ein „Fragezeichen" auf seiner Stirn stehen „Was ist denn mit dem Los?". Was macht Pastor Moser dann? Pastor Moser wühlt in seinen schlauen Büchern rum, um eine Antwort zu finden. Wenn er da nichts findet, fragt er irgendwelche Leute, und sagt „ Du! Jemand hat mir das und das erzählt, was hat das zu bedeuten?". Pastor Moser der Psychologe und das alles ohne Fallüberwachung. Das ist auch neu bei der ev.-luth. Kirche. Der Pastor als Psychologe.

Ich sage „Schönes Wetter heute, Pastor Moser!". Pastor Moser denkt dann „Wieso sagt der mir so etwas? Was geht mich das was an! Schönes Wetter!". Anschließend bin ich für Pastor Moser „Schön Wetter krank".

Die Heuhaufenmethode: Das finde ich schon selbst heraus. Betreibt Pastor Moser vielleicht eine Irrlehre, so wie es im 2.Petrusbrief steht?

2.Petrusbrief, Der Weg der Irrlehrer, 10b
Diese frechen und anmaßenden Menschen schrecken nicht davor zurück, die überirdischen Mächte zu lästern.

Pastorale Seelsorge besteht aus Gesprächen, Bibel lesen, Gebete, Beichten etc.. Wenn Sie es genauer wissen möchten, müssen Sie das Neue Testament lesen.

Aber Pastor Moser kann nichts dafür. Das hat die ev.-luth. Kirche entschieden, dass er eine psychologische Ausbildung bekommt.

83.Tag.Di.28.April 2009

Das Briefeschreiben hat ein Ende gefunden. Ich singe weiter im Cantemus Chor, gehe zu den Gottesdiensten, und mache einen großen Bogen um die Teestube.

Renate Hübner die Kantorin, und Felix Moser der Pastor unserer Gemeinde. Ich verstehe die Probleme der Beiden. Vielleicht bin ich deswegen irgendwie mit den Beiden befreundet. Renate Hübner und Pastor Moser sind Führungskräfte. Renate kümmert sich wohl um 8 Chöre.

Wenn ich bei ihr ins Detail gehen würde, würde ein ganzes Buch dadurch entstehen. Pastor Moser und Renate Hübner wollten mir helfen, und haben mir geholfen. Und das alles ohne Geld.

Ich war selbst mal eine Führungskraft. Vom Kleinunternehmer zum Großunternehmer, vom Autor zum Lehrer, zum Komponisten, und dann zum Schriftsteller. So war mein Weg.

Den Konflikt den ich hier auf skizziert habe gibt es auch in anderen Gruppen.

Meine Erfahrung ist: Wenn man eine Position hat, sollte man sich zwischendurch weiter bilden.

84. Tag, Mi.29.April 2009

Der vorletzte Tag geht zu Ende, und ich bin Teil der Paul-Gerhardt-Gemeinde geworden. Mir ist die Systemveränderung, der Paul-Gerhardt-Gemeinde bewusst geworden:

Früher	*Heute*
Altes System	Neues System
Pastorat	Pastorenbüro
Kantorei	Kirchenbüro
Küster	Kirchenmusikmanager/in
	Glockendienst

86. Tag, Do.30.April 2009

Und in was für einem System leben Sie?

Anhang

Nachwort

Integration ist möglich

Mehre Wochen sind jetzt vergangen. Ich habe festgestellt, dass Integration etwas mit der inneren Einstellung zu tun hat, und auch eine Sache der Außenwelt ist.

Im „Normalen Leben" hätte so etwas nicht funktioniert, weil das „Normale Leben" von der Kripo und der Psychiatrie regiert wird. Es hätte sich sofort die Kripo eingeschaltet wegen Nötigung und die Psychiatrie wegen Schizophrenie.

Der sozialpsychiatrische Dienst ist im Grund ein Verstoß gegen die Menschwürde. Psychiater sind Atheisten und mischen sich in das Privatleben der Bürger, egal welcher Religion sie angehören. Die S. Kirche hatte sich damals dagegen gewehrt, aber ohne Erfolg.

Ich bin aber ein großer Kritiker der S. Kirche, weil sie sich nicht an das Bürgerliche Gesetzbuch hält, und alles intern regelt, nach dem Motto „Das regeln wir unter uns!" wodurch sich große Probleme innerhalb dieser Kirche entwickeln, meiner Meinung nach.

Recht ist ein kompliziertes Thema. Es gibt Staatliches Recht und Kirchliches Recht, und da gibt es noch viel mehr zu diesem Thema.

Um richtig hinzusehen, habe ich den Cantemus Chor gezeichnet, mit wem ich es zu tun habe, um dann mich innerlich auf mein Gegenüber einzustimmen. Die Zeichnung finden Sie auf der nächsten Seite.

Ich werde Pastor Moser und Renate Hübner bitten, denen ich so viel zu verdanken habe, für dieses Buch aus ihrer Sicht ein paar Worte zu schreiben.

Andere werde ich auch darum bitten, etwas zu diesem Buch zu schreiben, wer Interesse hat.

Autor: Olaf Behrens

Hamburg-Winterhude, den   21.Juli 2009

Skizze: Integration

Der Cantemus - Kirchenchor

1 Renate   - Die Elegante
2 Eckbert - Der Verunsicherte
3 Egon   - Der Sympathische
4 Horst   - Du alte Hase
5 Zunker   - Der Unproblematische
6 Olaf   - Der Neue
7 Elke   - Die Gewissenhafte
8 Ingrid   - Die Kecke

9 Annete   - Die Ruhige
10 Christel - Die Leichtherzige
11 Altberger - Die Vorbereitete
12 Kilo   - Die Bestimmende
13 Gudrun   - Die Kluge
14 Angela   - Die Apostelige
15 Teletum - Die Freundliche
16 Gast

Olaf Behrens   2009

03. Zeichnung, Cantemus Chor

Nachtrag

Meine Nachbarin ist am 18.Dez.2009 hier weggezogen. Das Verfahren, dass sie gegen mich in Gang gesetzt hat, wurde nach einer Berufung, die ich selbst geschrieben habe, am 20.April 2010 vor dem Landgericht Hamburg eingestellt.

Meine Nachbarn direkt über mir, wohnen hier auch schon länger nicht mehr.

Die beiden Probleme mit den Nachbarn, hatte größere Kreise gezogen in Hamburg und Deutschland, so dass jemand vom Bezirksamt bei mir war, der darüber entscheiden kann ob hier ein Sozialarbeiter/in eingesetzt wird oder nicht.

Er hatte gesagt „Bevor niemand umgebracht wir, gibt es kein Sozialarbeiter".

Buchtipp

Diese Bücher habe ich alle ausgeliehen, bei den Hamburger-Bücherhallen, zu Winterhude

(www.buecherhallen.de)

Feng-Shui heute, Kathrin Martin & Thomas Fröhling, Mosaik – Verlag 1.Auflage 2000

DUDEN, Deutsches Universalwörterbuch, 6.Auflage

Zen-Meditation für Christen, H.M. Enomiya Lasseller, O.W. Barth Verlag

Meditation – wozu und wie, Karlfried Graf Druckheim, Herder/Spektum-Verlag

Diercke, Weltatlas, Westermann-Verlag

Die Bibel, Gute Nachricht, Berthelsmann-Verlag

Die sechs Weltreligionen, Stern-Buch, Ullstein-Verlag

Taoismus, Florian C. Reiner, Jumius-Verlag

Feng Shui gegen das Gerümpel des Alltags, Karen Kingston, rororo-Verlag

Reformation, Caroline Schneyder, UTB-Verlag

Das Arbeitsbuch zu den Chakras, Klausbernd Vollmer, Kailash-Verlag

Buchtipp

Die Bibel, Einheitsübersetzung der Heiligen Schrift, Deutsche Bibelgesellschaft, Stuttgard

Pocket-Sprachführer Chinesisch, Thomas J. Gemerke, Schmetterlings-Verlag

Chinesisch Superleicht für Anfänger, Dorling-Kindedey-Verlag

Lexikon Chinesischer Symbole, Diederichs Gelbe Reihe

Zur Akupunktur, dtv-Atlas-Verlag

Fußreflexionsmassage, Midena-Verlag

T´at Chi, humbolt-Verlag

Einführung in die Zen-Meditation, Thesseus-Verlag

Laotse tao te king, Diederichs Gelbe Reihe

I Ging, Diederichs Gelbe Reihe

Anthroposophie was ist das?, oratis-Verlag

Buchtipp

Diese Bücher habe ich alle ausgeliehen, bei den Hamburger-Bücherhallen, zu Winterhude

Schamanismus, Glaube & Rituale

Gespräche mir Gott, Band I – III, Arkana-Goldmann-Verlag

Der Koran, Reihe – Reclam - Verlag

Der Koran, Domino - Verlag

Die wichtigsten Psychologen im Porträt, marise - Verlag

Die Geschichte der Psychologie Krankheitslehre Irrwege Behandlungsformen,
Heinz Schott, Rainer Tölle, C.B. Beck - Verlag

Die Bruderschaft, John Grisham, Heine - Taschenbücher

Vater unser, Marilyn French, btb - Verlag

Der Familienschandfleck, Kerstin Bauer, Fischer - Verlag

Liebe Lust und Leid, Amelie Fried, Heyne-Verlag

Können Sie im Buchhandel bestellen

Evangelisches Gesangbuch

CD Tipp

Diese CD`s habe ich alle ausgeliehen, bei den Hamburger-Bücherhallen, zu Winterhude

Die Kunst der Fuge, Deutsche Grammophon

What about this, Mr. Tarrega? Tacet - Label

The Best Of Pink Floyd, Echoes

De Phazz, Death By Chocolate

Te Deun Messe Nr. 2 in e – moll, Bruckner

Klangräume, Meditationsmusik-Label

Bilder einer Ausstellung, Mussorgsky, Belart-Label

Hörbuchtipp

Dieses Hörbuch habe ich ausgeliehen, aus den Hamburger-Bücherhallen, zu Winterhude

Mobbing, Annette Pehnt, Hörbuch - Verlag

Personenregister
Name, Seite

A
Arbeitsgruppe S. 56

B
Bäcker 17, 71, 92
Bischöfin 57
Bornhoff, Elke, Dipl.psych. 62
Bundestag 49

C
Cantemus Chor 8, 16, 37, 38, 114, 117, 123, 129, 130
Caberta, Ursula 56

D

E

F
(Frau A. – Frau L, Namen verschlüsselt)
Frau A. 30, 32, 33
Frau B. 39
Frau C. 30, 38
Frau D. 30, 31, 33, 52, 54
Frau E. 17, 30, 33, 52
Frau F. 30, 52, 117
Frau G. 30, 52, 53
Frau H. 30
Frau I. 30
Frau J. 30
Frau K. 30
Frau L. 54

Personenregister
Name, Seite

Frauenchor 118
Fröhling, Thomas 37, 49
Föhrweiser, Kathrin 80
Fried Amelie 120

G
GospelFire Chor 28

H
Hamburger 56
(Herr A. – Herr C, Namen verschlüsselt)
Herr A. 54
Herr B. 30
Herr C. 54

Heitmann, Lillianna K., Heilerin 22, 40, 66, 67, 79, 86, 99
Hübner, Martin, Prof. Dr. 44, 46, 48, 69
Hübner, Renate, Kantorin 5, 16, 22, 23, 24, 27, 30, 32, 33, 34, 37, 41, 42, 43, 45, 46, 48, 53, 54, 55, 57, 69, 91, 92, 110, 111, 114, 115, 117, 118, 119, 129

I

J
Judith 51, 52

K
Kirchenvorstand 23, 57

Personenregister
Name, Seite

L
L. 46

M
M. *(Name verschlüsselt)* 119
Moser, E. Felix, Pastor 16, 17, 18, 22, , 27, 28, 30, 31,37, 38, 45, 47, 48, 49, 55, 105, 109, 119, 122, 123, 124, 129
Mein Bruder Ingo 29
Mein Bruder Uwe 29, 56
Meine Mutter 29, 80
Mein Vater 29
Martin, Katrin 37, 49

N
Nachbar 18
Nachbarin 48, 119, 120
Nachbarn 48
Niedersachen 56

O

P

Q

R
Rathje, Uwe 56, 92, 106
Renates Brüder 118

Personenregister
Name, Seite

S
Schleswig-Holsteiner 56
Schott, Moritz, Organist 30
Sylvia, Kommunal Politikerin 48
T
T. *(Name verschlüsselt)* 119
Tárrega 27
U

V
Votschka, Tomas, Dr., Pastor 31, 45, 48
(Den Namen Votschka habe ich in die deutsche Lautung übertragen)
V

W

X

Y

Z

Sachregister
Name, Seite

A
Altona Fischmarkt 89
Anna Maria Gerhardt Haus 31
Alsterdorfer Straße 17

B
Belladonna LebensArt 22, 67
Bücherhalle 33, 62, 65, 66
Braamkamp 11, 22

C

D

E
Ev.Gemeinderegion Alsterbund 16,, 61ff
Evangelisch-lutherische Kirche 51

F
Wohnungsunternehmen Fiefstücken GmbH 44
Forum Winterhude 115

G

Sachregister
Name, Seite

H
Hamburger Fischmarkt   81, 89

I

J
Jakobsweg   10

K

L

M
Martin Luther Gemeinde   16, 61
Matthäus Gemeinde   61
München   120

N
Nordelbische Kirche   57

O

Sachregister
Name, Seite

P
Paul Gerhardt Gemeinde 16, 17, 22, 23, 24, 27, 28, 29, 31, 32, 33, 35, 37, 39, 40, 47, 48, 49, 50, 52, 53, 55, 57, 61, 64, 67, 68, 71, 72, 77, 79, 80, 99, 100, 105, 106, 119, 121, 126

Q

R

S
S. Kirche 56, 73, 92, 106, 128
St.Johannis Kirche 13, 61
St.Martinus Kirche 61, 62
St.Peter Gemeinde 61
St.Nikolai Kirche 121

T
Teestube 17, 27, 30, 32, 40, 52, 58, 92

U
U-Bahnstation Lattenkamp 18
Ulmstraße 115

Sachregister
Name, Seite

V

W
Winterhuder Markt   115

X

Y

Z

Bildquellennachweis

00.Buchcover, wolken ziehen _ F 3754
Quelle: lichkunst 73/ pixelio.de

01.Bild, Seite 114, Postkarte
Quelle: Olaf Behrens, Autor

02.Bild, Seite 130, Zeichnung: Cantemus Chor
Quelle: Olaf Behrens, Autor

03.Bild, Seite 148, Autor: Olaf Behrens
Quelle: Olaf Behrens, Autor

Abkürzungen

Abk., Seite

Die Abkürzungen S. steht für ein Hauptwort, und ist selbst kein Warenzeichen 56, 73, 92, 106, 112, 128.

Die Abkürzung s. steht für ein Eigenschaftswort, und ist selbst kein Warenzeichen 150.

Die Abkürzung W. steht für ein Hauptwort, und ist selbst kein Warenzeichen 47.

Die Abkürzung A. steht für ein Hauptwort, und ist selbst kein Warenzeichen 106.

Die Abkürzung L. steht für ein Hauptwort, und ich selbst kein Warenzeichen 46

Danksagungen

Meiner Mutter möchte ich danken, für ihr Verständnis in dieser Zeit.

Danken möchte ich dem Copy Shop Winterhude, für die umfangreichen Arbeiten, die immer Termingerecht erledigt wurden.

Dr. Peter Schütt möchte ich danken, für seine Geduld am Telefon, obwohl er oft wenig Zeit hatte.

Und allen Beteiligten an in diesem Werk möchte ich danken. Vor allem denen, die mich dazu motiviert haben weiterzuarbeiten, an diesem Werk.

Über den Autor

03.Autor: Olaf Behrens

ist 1966 in Heide/Holstein geboren, wurde getauft, am 10.Juli 1966, und konfirmiert, am 26.April 1981. Er lebt und wohnt seit 1990 in Hamburg. Zuerst in Hamburg-Eimsbüttel und seit 1993 in Hamburg-Winterhude. Er hat, in einem freien Studium Philosophie, Musik und Literatur studiert. Er gehörte zu den Mitbegründern der s. Kirche Deutschland, und war Gemeindeglied der s. Kirche von 1990 bis 1999.

Er ist im Okt.1992 aus der evangelischen Kirche ausgetreten. Im März 2003 hat er wieder Kontakt zur evangelischen Kirche aufgenommen und im März 2008 ist er wieder in die evangelische Kirche eingetreten.

www.ingramcontent.com/pod-product-compliance
Lightning Source LLC
Chambersburg PA
CBHW072148160426
43197CB00012B/2296